中华文化风采录

丰富民俗文化

民族的
盛典

王 丽 ⊙ 编著

北方妇女儿童出版社
·长春·

图书在版编目(CIP)数据

民族的盛典 / 王丽编著. -- 长春 ： 北方妇女儿
童出版社，2017.5（2022.8重印）
（丰富民俗文化）
ISBN 978-7-5585-2051-8

Ⅰ．①民… Ⅱ．①王… Ⅲ．①少数民族－民族节日－
风俗习惯－中国－通俗读物 Ⅳ．①K892.1-49

中国版本图书馆CIP数据核字(2017)第315954号

民族的盛典
MINZU DE SHENGDIAN

出 版 人　师晓晖
责任编辑　吴　桐
开　　本　700mm×1000mm　1/16
印　　张　6
字　　数　85千字
版　　次　2017年5月第1版
印　　次　2022年8月第3次印刷
印　　刷　永清县晔盛亚胶印有限公司
出　　版　北方妇女儿童出版社
发　　行　北方妇女儿童出版社
地　　址　长春市福祉大路5788号
电　　话　总编办：0431-81629600

定　　价　36.00元

习近平总书记说："提高国家文化软实力，要努力展示中华文化独特魅力。在5000多年文明发展进程中，中华民族创造了博大精深的灿烂文化，要使中华民族最基本的文化基因与当代文化相适应、与现代社会相协调，以人们喜闻乐见、具有广泛参与性的方式推广开来，把跨越时空、超越国度、富有永恒魅力、具有当代价值的文化精神弘扬起来，把继承传统优秀文化又弘扬时代精神、立足本国又面向世界的当代中国文化创新成果传播出去。"

为此，党和政府十分重视优秀的先进的文化建设，特别是随着经济的腾飞，提出了中华文化伟大复兴的号召。当然，要实现中华文化伟大复兴，首先要站在传统文化前沿，薪火相传，一脉相承，弘扬和发展5000多年来优秀的、光明的、先进的、科学的、文明的和自豪的文化，融合古今中外一切文化精华，构建具有中国特色的现代民族文化，向世界和未来展示中华民族具有独特魅力的文化风采。

中华文化就是中华民族及其祖先所创造的、为中华民族世世代代所继承发展的、具有鲜明民族特色而内涵博大精深的优良传统文化，历史十分悠久，流传非常广泛，在世界上拥有巨大的影响力，是世界上唯一绵延不绝而从没中断的古老文化，并始终充满了生机与活力。

浩浩历史长河，熊熊文明薪火，中华文化源远流长，滚滚黄河、滔滔长江是最直接的源头，这两大文化浪涛经过千百年冲刷洗礼和不断交流、融合以及沉淀，最终形成了求同存异、兼收并蓄的辉煌灿烂的中华文明。

中华文化曾是东方文化的摇篮，也是推动整个世界始终发展的动力。早在500年前，中华文化催生了欧洲文艺复兴运动和地理大发现。在200年前，中华文化推动了欧洲启蒙运动和现代思想。中国四大发明先后传到西方，对于促进西方工业社会形成和发展曾起到了重要作用。中国文化最具博大性和包容性，所以世界各国都已经掀起中国文化热。

中华文化的力量，已经深深熔铸到我们的生命力、创造力和凝聚力中，是我们民族的基因。中华民族的精神，也已深深根植于绵延数千年的优秀文化传统之中，是我们的精神家园。但是，当我们为中华文化而自豪时，也要正视其在近代衰微的历史。相对于5000年的灿烂文化来说，这仅仅是短暂的低潮，是喷薄前的力量积聚。

中国文化博大精深，是中华各族人民5000多年来创造、传承下来的物质文明和精神文明的总和，其内容包罗万象，浩若星汉，具有很强的文化纵深感，蕴含丰富的宝藏。传承和弘扬优秀民族文化传统，保护民族文化遗产，已经受到社会各界重视。这不但对中华民族复兴大业具有深远意义，而且对人类文化多样性保护也有重要贡献。

特别是我国经过伟大的改革开放，已经开始崛起与复兴。但文化是立国之根，大国崛起最终体现在文化的繁荣发展上。特别是当今我国走大国和平崛起之路的过程，必然也是我国文化实现伟大复兴的过程。随着中国文化的软实力增强，能够有力加快我们融入世界的步伐，推动我们为人类进步做出更大贡献。

为此，在有关部门和专家指导下，我们搜集、整理了大量古今资料和最新研究成果，特别编撰了本套图书。主要包括传统建筑艺术、千秋圣殿奇观、历来古景风采、古老历史遗产、昔日瑰宝工艺、绝美自然风景、丰富民俗文化、美好生活品质、国粹书画魅力、浩瀚经典宝库等，充分显示了中华民族厚重的文化底蕴和强大的民族凝聚力，具有极强的系统性、广博性和规模性。

本套图书全景展现，包罗万象；故事讲述，语言通俗；图文并茂，形象直观；古风古雅，格调温馨，具有很强的可读性、欣赏性和知识性，能够让广大读者全面触摸和感受中国文化的内涵与魅力，增强民族自尊心和文化自豪感，并能很好地继承和弘扬中国文化，创造未来中国特色的先进民族文化，引领中华民族走向伟大复兴，在未来世界的舞台上，在中华复兴的绚丽之梦里，展现出龙飞凤舞的独特魅力。

民族风情——特色节日

泼水节是傣族和德昂族最隆重的节日，也是云南少数民族中影响最大、参加人数最多的节日。

泼水节又叫宋干节或浴佛节。它源于印度，是古婆罗门教的一种仪式，后为佛教所吸收，在12世纪末至13世纪初，经缅甸随佛教传入我国云南傣族和德昂族地区。随着佛教在这些地区影响的加深，泼水节成为一种民族习俗流传下来。

另外，居住在云南地区的阿昌族、布朗族和佤族也有过泼水节的习惯。

傣历新年

泼水节

泼水节的起源和故事传说

　　泼水节源于印度，是古婆罗门教的一种仪式，后为佛教所吸收，在12世纪末至13世纪初经缅甸随佛教传入我国云南傣族地区。

　　随着佛教在傣族地区影响的加深，泼水节成为一种民族习俗流传

傣族青年

■ 傣族节日盛装

下来，至今已数百年。在泼水节流传的过程中，傣族人民逐渐将之与自己的民族神话传说结合起来，赋予了泼水节更为神奇的意蕴和民族色彩。

关于泼水节的来历，傣族和德昂族民间有着许多感人的传说故事。

故事一：很久以前，在傣族聚居的地区出现了一个残暴的魔王，他无恶不作，到处烧杀抢劫，弄得庄稼无收，人心不宁，民不聊生。人们受尽了他的残害，对他恨之入骨，可是谁也无法消灭他。

魔王已有6个妻子，可他仍不满足，又抢来一个美丽聪明的姑娘。这7个姑娘看到自己的同胞过着悲惨的生活，决心找到消灭恶魔的办法。聪明的姑娘们心里恨透了魔王，表面却不动声色，装着与魔王十分要好。

德昂族 旧名崩龙族，是我国少数民族之一。主要散居在云南省德宏傣族景颇族自治州的潞西和临沧地区镇康县，其他人分布在盈江、瑞丽、陇川、保山、梁河、龙陵、耿马等县（自治县）市。与傣族、景颇族、傈僳族、佤族、汉族等民族交错而居，是一个典型的大分散小聚居的民族。

■ 傣族万人泼水广场

金沙江 我国长江上游的河段名，因江中含有沙金而得名，发源于青海省唐古拉山。长江江源水系汇成通天河后，到青海玉树县境进入横断山区，开始称为金沙江。金沙江流经迪庆、丽江、大理、楚雄、曲靖、昭通6个市、自治州。全长2316千米，流域面积为34万平方千米。

一天夜里，魔王从外面抢回许多财宝和奴仆，她们趁魔王高兴不备时，试探问清了用魔王头发可勒死魔王的秘密。于是，夜深人静，在魔王睡着的时候，姑娘们悄悄地拔下了魔王的一根头发，勒住魔王的脖子。

顷刻间，魔王的头便滚落在地上，可是头一着地，地上就燃起大火。眼看将酿成灾祸，姑娘们立即拾起头颅，大火就熄灭了。但是，魔王的头滚到哪里，哪里便发生灾难，抛到河里，河水泛滥成灾，埋在地下，到处臭气冲天，只有魔王的妻子抱着才平安无事。

为免除灾难祸害百姓，姑娘们便轮流抱着魔王的头，一人抱一天。天上一天等于地上一年，每年姑娘们轮换的日子，即傣族的新年，所以傣族人民怀着对姑娘们敬佩的心情，给抱头的姑娘泼一次清水，以便冲去身上的血污和一年的疲惫，作为洗污净身的一种祝福。

后来，傣族人民为纪念这7位机智勇敢的姑娘，就在每年的这一天互相泼水，从此形成了傣族辞旧迎新的盛大节日——泼水节。

故事二：在很久以前，金沙江边一个聚居在密林深处的傣族村寨，因树林起火，村民处在被大火吞没的危难之中，一个名叫李良的傣族汉子，为保护村庄，不畏危险，冲出火网，从金沙江里挑来一桶桶江水，泼洒山火。

经过一天一夜的劳累，山火终于被泼灭了，村民得救，李良因为劳累把汗流干了，渴倒在山头上。村民打来清水给李良解渴，但他喝了99担水也解不了渴。后来，李良索性一头扑到江水中，变成一条巨龙，顺江而去。

傣族人民为纪念李良，每年农历三月初三这一天，各家各户都把房屋清扫一新，撒上青松叶，并在选定的江边或井旁，用绿树搭起长半里的青棚，棚下撒满厚厚的松针，两旁放上盛满水的水槽。

■ 热闹的泼水节

民族的盛典

■ 美丽的傣族少女

天庭 我国民间指天帝的宫廷。自玉帝统治三界之后，三界的中央权力中心称之为"天庭"，三界都归其所管辖。玉皇大帝为天庭的最高首领，具有最高权威。道祖太上老君和佛祖如来也必须服从天庭领导，他们对玉帝的差遣称为"奉旨"。

午间太阳当顶时，众人穿行于棚间，相互用青松蘸水洒身，吉祥幸福的水相互泼洒，表示对李良的怀念和对新年的祝福。

这项活动一直延续至今，成为傣族人民辞旧迎新、祝福吉祥的节日，这就是泼水节。

故事三：人间的气候本来由一个名叫捧玛点达拉乍的天神掌管。他把一年分为旱季、雨季、冷季，为人间规定了农时。

捧玛点达拉乍自以为神通广大，无视天规，为所欲为，乱行风雨，错放冷热，弄得人间雨旱失调，冷热不分，禾苗枯死，人畜遭灾。

有一位叫帕雅晚的青年，以4块木板当翅膀，飞上天庭，找到天王英达提拉诉说人间的灾难。帕雅晚欲到最高一层天去朝拜天塔时，不慎撞在天门之上，一扇天门倒塌，将他压死在天庭门口。

帕雅晚死后，天王英达提拉开始用计惩处法术高明的捧玛点达拉乍。天王变成一位英俊的小伙子，佯装去找捧玛点达拉乍的7个女儿谈情。

7位美丽的妙龄女郎同时爱上了他。姑娘们从小伙子的嘴里了解到自己的父亲降灾人间之事以后，既惋惜又痛恨。7位善良的姑娘为使人间免除灾难，决心大义灭亲。

她们想尽办法探明了父亲的生死秘诀。在捧玛点达拉乍酩酊大醉之时，剪下他的一束头发，制作了一张心弦弓，毅然割下了为非作歹的捧玛点达拉乍的头颅，抱在怀中，不时轮换，互用清水泼洒，冲洗污秽，洗去遗臭。

据说，这就是人们在新年期间相互泼水祝福的来历。

农时 我国农业术语，指适宜于从事耕种、收获的时节。在农业生产中，每种农作物都有一定的农耕季节和一定的耕作时间。

阅读链接

据说，德昂族的泼水节来历还有另外一则故事：

在很久以前，德昂族人中有一个忤逆的儿子，他经常打骂自己的母亲，因此他的母亲很害怕他。

有一年的清明节后第七天，这个儿子上山干活儿时看到一处雏鸟反哺的情景，儿子被这对鸟母子所感动，决定此后善待母亲。这时，他的母亲正向山上走来，为儿子送饭，不小心滑了一跤。儿子赶来扶她，母亲却以为儿子又要来打她，便一头撞死在树上。

儿子痛悔莫及，把树砍下来雕成一尊母亲雕像，每年清明后第七天都要把雕像浸到洒着花瓣的温水中清洗。久而久之，德昂族全村的人都学着这样做，并在后来形成了一种习俗。

象征新年的傣族泼水节

　　泼水节是傣历新年，傣语称"桑罕比迈""棱贺比迈"，是傣族最重要的节庆。

　　傣历把一年分为十二个月，以六月为首。规定太阳进入金牛宫的

■ 傣族节日盛装

那一天为泼水节。由于傣历六月中旬相当于公历4月，所以泼水节即在4月中旬开始举行，为期3天至5天。

傣历的新年，是傣族人民辞旧迎新的传统节日。因泼水是这个节日中独具特色的活动，故名。

傣族泼水节第一天称为"麦日"，类似于农历除夕，傣语叫"宛多尚罕"，意思是送旧。此时人们要收拾房屋，打扫卫生，准备年饭和节日期间的各种活动。

■ 傣族群众去赶摆

第二天称为"恼日"，恼意为空，按习惯这一日既不属前一年，也不属后一年，因此为"空日"。

第三天称为"麦帕雅晚玛"，据称麦帕雅晚玛的英灵带着新历返回人间之日，人们习惯将这一天视为日子之王来临，是傣历的元旦。

节日来临之前，家家要缝新衣，买新伞，备办节日盛装。每个村寨都要制作高升、礼花，装饰龙舟，进行划船训练，青年人还要排练节目，进行歌舞表演。节日来临，要杀猪宰牛做年糕，准备丰盛的年饭，宴请亲朋好友。

傣族泼水节的第一天清早，人们就要采来鲜花绿

傣历 指傣族的传统历法。傣语称"祖腊萨哈"，意即小历。傣历创于公元前96年，起源可上溯至周秦之际。现行傣历始于明代以前，是傣族先民吸收汉族农历优点并结合本民族特点制定的一种阴阳合历。现行傣历以639年为纪元元年。一年的回归长度为365天6小时12分36秒。

民族的盛典

■ 傣族竹楼

浴佛 又称灌佛，在古印度原始佛教中即为一种重要仪式，其源头则在释迦牟尼降生的历史传说之中。是在佛堂中或露天净地设灌佛盘，在盘中的莲台上安置着一手指天、一手指地的释迦太子金像，然后灌以香水，以表示庆祝和供养。主旨是提醒人们要保有一颗清净心，观照自己的心是否清净。

叶到佛寺供奉，担来清水浴佛。浴佛完毕，集体性的相互泼水就开始了。

一群群青年男女用各种各样的容器盛水，走出大街小巷，追逐嬉戏，逢人便泼。"水花放，傣族狂""泼湿一身，幸福终身"！

象征着吉祥、幸福、健康的一朵朵水花在空中盛开，人们尽情地泼、尽情地洒，笑声朗朗，全身湿透，兴致高涨。

在泼水节里，除泼水外，还有赶摆、赛龙舟、浴佛、诵经、章哈演唱、斗鸡、跳孔雀舞、跳白象舞、丢包、放高升、放孔明灯等民俗活动以及其他艺术表演、经贸交流等。

在这一天，也是傣族未婚青年男女们寻觅爱情、栽培幸福的美好时节。节日期间，傣族未婚青年男女喜欢做"丢包"游戏。

每当泼水节即将来临，姑娘们就精心制作一种菱形的花布包。节日一到，姑娘和小伙子便穿着漂亮的衣服到约定的广场或者比较开阔的平地去参加活动。

　　姑娘与小伙子各站一边，男女双方相隔二三十米。首先由姑娘们将花包投掷过去，小伙子接住以后就与姑娘们对掷。

　　起初，大家都漫无目的地乱丢，当作一种娱乐活动，对方若是没有接住花包，要向丢包的人赠送鲜花或其他礼物。

　　当丢包活动进行了一段时间以后，姑娘们便开始有目的地选择自己的意中人了。当她看到自己喜爱的小伙子时，就把心爱的花包丢掷给他，对方接住了便意味着这个小伙子对她也有情意，于是互相对掷。

　　你来我往，花包不断地在空中抛来抛去，表示把心交给对方。然后双双相约退出丢包场所，到幽静的树林或小河边去倾吐彼此的爱慕之情。

■ 泼水节赛龙舟

澜沧江 我国境内湄公河上游河段的名称，是我国西南地区的大河之一，也是世界第九长河，亚洲第四长河，东南亚第一长河。澜沧江河源在扎曲，发源于青海省玉树藏族自治州的杂多县吉富山，源头海拔为5200米，主干流总长度为2139千米，澜沧江流经青海、西藏和云南三省区。

■ 傣族群众互相泼水庆祝

划龙舟也是傣族泼水节最精彩的项目之一，常常在泼水节的"麦帕雅晚玛"举行。

那日，穿着节日盛装的群众欢聚在澜沧江畔和瑞丽江边，观看龙舟竞渡。江上停泊着披红挂彩的龙船，船上坐着数十名健壮的水手，号令一响，整装待发的龙舟像箭一般往前飞去。顿时整条江上鼓声、锣声、号子声、喝彩声此起彼伏，声声相应，节日的气氛在这里达到高潮。

傣族人民能歌善舞，泼水节自然少不了舞蹈。大规模的舞蹈主要安排在泼水节的第三天，如象脚舞和孔雀舞等。从七八岁的娃娃到七八十岁的老人，都穿上节日盛装，聚集到村中广场，参加集体舞蹈。

高升是傣族泼水节的又一项保留节目。

高升是傣族人民自制的一种烟火，将竹竿底部填

以火药和其他配料，置于竹子搭成的高升架上，接上引线，常在夜晚燃放。

放高升时，点燃引线使火药燃烧便会产生强劲的推力，将竹子如火箭般推入高空。竹子吐着白烟，发出"嗖嗖"的尖啸声，同时在空中喷放出绚丽的烟火，犹如花团锦簇，光彩夺目，甚是美妙。地上则欢呼声、喝彩声此起彼伏，议论声和赞美声不绝于耳。

此外，放孔明灯也是傣族地区特有的活动。入夜，人们在广场空地上，将灯烛点燃，放到自制的大"气球"内，利用空气的浮力，把一盏盏孔明灯放飞上天。一盏盏明亮的孔明灯在漆黑的夜晚越飞越高，越飞越远。人们以此来纪念古代的圣贤孔明。

阅读链接

云南傣族的泼水节，每年在西双版纳傣族自治州和德宏傣族景颇族自治州同时举行。两地均可从昆明乘飞机直接到达。1961年4月13日，周恩来总理曾参加过西双版纳的泼水节。从此以后，泼水节的规模越来越大，每年都有数以万千的中外游客把它视为一生中最难忘的经历。

此外，在泼水节第一天时候，不但要划龙舟、放孔明灯、放水灯、吃烧烤，还有一样更重要的——边交会。边交会是由泰国那边的小商人过来买卖当地特色物品、小吃，以此增加两国的友谊，意义重大。边交会一般持续3天，泼水节的前3天都有。

阿昌族青年恋爱的节日

阿昌族的泼水节与傣族的泼水节日期相同，但庆祝的方法不一样。时间为每年清明节后的第七天开始，为期一周。阿昌族泼水节分

少数民族泼水节

■ 阿昌族舞蹈

为上山采花、赕佛、献佛、沐佛和相互泼水祝福等几个过程。

每年清明节后的第七天，是阿昌族泼水节的开端。这天上午，男女老幼穿上节日盛装，采来鲜花，女的插在头上，男的别在胸前。

16时左右，全寨的中青年男子汇集在一起，前面一人舞着户撒刀，后面几个人跳着象脚鼓舞，浩浩荡荡，一路鸣枪，向山里进发。

上山后，放完鞭炮就采花。大家手拿鲜花，在山上尽情欢跳。跳够了，大家又敲着象脚鼓回村。村里的妇女早已准备好了苏子粑粑。当听到采花队伍鸣铜炮枪报信时，立刻挑选10多个姑娘端着苏子粑粑往村外迎接。

采花的男子向姑娘们献花，姑娘们请他们吃粑

采花 相传椎栗树神桑建为民除害消灾，带给人们幸福、安宁。于是每年阿昌人都以椎栗花相互祝福。进山采花时，队伍最前边的男子要挥舞阿昌人的"户撒刀"开路，以后放枪、放鞭炮、载歌载舞。鲜花采回后，扎成花塔、花轿，置于广场上。以后几天，开始浇花。

■ 阿昌族泼水节

民族的盛典

象脚鼓 是傣族的重要民间乐器，因鼓身似象脚而得名，广泛用于歌舞和傣戏伴奏。象脚鼓还受到景颇族、佤族、傈僳族、拉祜族、布朗族、阿昌族和德昂族等族人民以及克木人的喜爱，是各族歌舞中不可缺少的乐器。

粑，然后同歌同舞回村。回到村里，他们把采来的鲜花扎成花塔、花轿，围着花塔和花轿载歌载舞到深夜。

第二天、第三天浇花水。男子敲着象脚鼓、芦锣、钹镲，扛着彩旗在前面开路，姑娘们在后面排成一条龙到河里挑水浇花塔和花轿，并用清水喷洒花轿里的"佛"。

第四天青年男女敲着象脚鼓到井边互相泼水祝福。泼水非常讲究文明礼貌：

男："今天浇花水？"

女："浇上点儿。"

男："你的衣服像鲜花，我怕给浇脏了？"

女："你一浇，我的烂衣服就更好了。"

共同协商好后，男的先在女的肩上或后衣领上浇一点儿清水，女的照样浇一点儿还礼。从不勉强，更不互相追逐、随心所欲地乱泼。

泼水节是男女青年的主要社交活动。他们互相泼过水后，就邀约到山坡上进行对唱。歌词内容丰富，天上地下，花鸟虫鱼，无所不及。比较有特色的情歌如《浇》：

女唱：

这么多的人，
你为何紧紧追着我？
若让人家知道了秘密，
叫我怎样对别人说？

男唱：

既然人这么多，
你为何偏偏盯着我？
你用惊鹿般的眼光引逗我，
我的心也像小鹿狂跳着。

女唱：

我本来也不想看着你，
你的身影老是黏住我的眼睛。
当你像泡在水里的公鸡，
我也想捧一捧清水浇花心。

男唱：

今天不泼你，
我的葫芦箫就会走调，
我唱的歌儿会卡住喉咙，

葫芦箫 又称葫芦丝，是我国云南少数民族乐器，主要流传于傣族、彝族、阿昌族、德昂族等民族中。葫芦丝可分为高音、中音、低音三种类型，常用的调为降B、C、D等调。葫芦丝发源于德宏傣族景颇族自治州梁河县，主要流行于傣族、阿昌族、佤族、德昂族和布朗族等族聚居的云南德宏、临沧地区，富有浓郁的地方色彩。

■阿昌族青年对唱

大家你一句我一句，一起对到夕阳西下才回家。若是小伙子看中哪个姑娘，到深夜又到她家门口吹葫芦箫，姑娘若对小伙子也有好感，就把门打开，让小伙子进屋坐在火塘的上方，一起用餐。

小伙子要在别人不察觉的情况下把姑娘家菜肴里的鸡头偷走，如果鸡头被姑娘查出来，要罚偷鸡头者一碗酒，否则就要罚姑娘喝酒。如果偷者被人当场抓住，不仅要受罚，还要被姑娘取笑。

酒后，小伙子要根据菜价在姑娘不察觉的情况下将钱交给姑娘。

饭后，小伙子要跟姑娘对歌，如果歌曲对得好，两个人会越对越热烈，用词也会越大胆，然后两个人就会出去单独幽会。如果彼此感觉不对，对歌也会变得越来越平淡，两人牵手就算失败。

阅读链接

除了傣族、德昂族和阿昌族有泼水节之外，佤族和布朗族也有这个节日。

其中，布朗族的泼水节在每年清明节后7天举行。节日第一天，全村寨青少年男女拿着竹盒、小竹篮前往河中捞沙，背回缅寺，在缅寺广场前堆沙祭佛。

第二天中午，全村老幼皆着新装，手持椎栗花、椿木树枝，齐集村头，青年击鼓列队前往缅寺，并把花朵、树条插沙堆上，每天插花三至五次，夜间青年男女尽情欢唱，热闹非凡。

佤族泼水节的当日早晨，先是寨子带头人先打一下清脆的火药枪，告知佤族泼水节开始。早餐后，佤族的男女老幼都穿上节日盛装，各自拿着工具去山涧舀山泉水，然后人们一边唱歌一边泼水。

除泼水外，这一天，佤族人还要举办打秋千、丢包、要长刀、射弩比赛等丰富多彩的文娱体育活动。

三月三

农历三月三，是我国汉族及多个少数民族的传统节日，古称上巳节。

以三月三为传统节日的少数民族主要包括广西的壮族、侗族和瑶族，海南的黎族，浙江丽水的畲族，贵州的布依族和苗族等。他们的节日活动十分丰富。

这些少数民族地区三月三节日活动规模盛大且热闹非凡，主要以青年恋爱为主题，有对歌、拜神、祭祖等民俗活动。

壮族歌圩节传说和节日习俗

农历三月初三，是壮族的歌圩节，又称三月三歌节或三月歌圩，这是壮族的传统歌节。

壮族每年有数次定期的民歌集会，如农历正月十五、三月初三、四月初八、八月十五等，其中以三月初三最为隆重。

在壮族，关于歌节起源有许多动人的传说，其中以刘三姐的故事最为著名和普遍认同。

据说，刘三姐原来并不叫刘三姐，而叫刘三妹，是唐代的

壮族山寨

歌仙。故事流传到后来，人们把刘三妹改成了刘三姐。

■ 五色糯米饭

刘三姐天生一副圆润的好歌喉，聪明机灵。她经常用山歌歌颂劳动与爱情，揭露和讽刺地主的剥削压迫。刘三姐的行为赢得了劳苦大众的赞赏和支持，她成了人们心中的歌仙，但是她也成了地主的眼中钉。

一年三月初三，刘三姐上山砍柴，地主派人砍断了她攀爬的山藤，刘三姐坠崖而亡。人们为了纪念这位歌仙，就在她遇难这天聚会唱歌，一唱就是三天三夜，这便形成了歌节。

在歌圩节这一天，在离村不远的空地上，壮族人们会用竹子和布匹搭成歌棚，专门接待外村歌手。家家户户还做五色糯米饭和彩色蛋欢度节日。

在歌圩节期间，五色糯米饭是壮族三月三必不可少的食品。

顾名思义，五色糯米饭就是五种颜色的糯米饭，即红色、黄色、紫色、黑色和白色。红、黄、紫、黑这四种颜色分别用红蓝草、黄花、紫蕃藤和枫叶来染色。

糯米要在节日的前一天晚上就开始浸泡，直到第二天清晨女主人把它放入锅里蒸。每户人家都会有一

刘三姐 是壮族民间传说人物。她聪慧机敏，歌如泉涌，优美动人，有"歌仙"之誉。关于她的身世，有很多种说法，一说她出生在天河县下里的蓝靛村，那里至今还有她故居的遗址。另一说她的故乡在广西罗城仫佬族自治县。在罗城，至今还有"三姐望乡"和"秀才看榜"两块天然的大石。

套专门用来制作五色糯米饭的工具：一个平底锅，几根木棒，一个圆形的竹编镂空板和一个盆子。

首先，在平底锅中放入适量的水，再放入搭架的木棒，把镂空板平放在木架上，最后把装好糯米的盆子放在镂空板上盖上锅盖，就可以起火蒸了。

不过，糯米在盆子里放的位置是有讲究的。没经过染色的白糯米放在最底层，黑色的放在最上层，其他三种可随意摆放。这五色糯米饭就是吉祥如意、五谷丰登的象征。

相传，这种食品是深得仙女们的赞赏后流传下来的，也有人说是祭祀歌仙刘三姐的。在节日期间，吃了这种饭，人丁兴旺，身体健壮。

在节日这天，如果家里养猪的还会自己宰杀一头猪以及预先养好

■ 三月三节日风情

的鸡鸭，因为节日里有请客的习俗。主人会把做好的糯米饭装进一个个食品袋里，一起放进去的还有半只鸡或者半斤肉，这是用来送给来家里的客人的。

节日当天，对歌以未婚男女青年为主体，但老人小孩儿都可以来旁观助兴。小的歌圩有一两千人，大的歌圩可达数万人之多。

在歌圩旁边，摊贩云集，民间贸易活跃，赛歌者的食宿一般都是附近的群众提供。一个较大的歌圩，方圆几十千米的男女青年都会来参加，届时人山人海，歌声此起彼伏，煞是热闹。

人们到歌圩场上赛歌、赏歌，男女青年通过对歌互定终身，互赠信物。在对歌的同时，还有抛绣球、碰彩蛋等有趣的活动。

抛绣球主要是一种娱乐，也是壮族人喜结良缘的方式。

在歌圩节夜幕降临之后，村里未婚的男女就会迫不及待地到寨子外去对山歌，唱着山歌找心上人。阿哥唱来阿妹对，如果在歌来歌往中姑娘家看上了小伙子，就把花绣球抛给对方。

花绣球是壮族极具特色的丝织工艺品，是姑娘给男子的定情信物。假如小伙子也看中对方，第二天便以绣球为证上姑娘家提亲了，一段姻缘就这样在山歌中促成了。

除了男女青年对唱山歌以外，村里的中老年人也会聚到一起进行歌圩比赛。这是一项纯娱乐的活动，一般是按男女分成两组来对歌，也可另行分组。

在节日期间，壮族人民除了对歌和抛绣球，还会集体举办一些活动，如踩高跷、30人板鞋比赛、抛绣球和千人竹竿阵。当然，这里的抛绣球与前面提到的抛绣球是有所不同的，这里的抛绣球是纯娱乐的活动，就是在空地上架起一个圆圈，在一定距离外将绣球抛过圆圈。

壮族的歌圩节一般要持续两三天，它是民间贸易的盛会，也是弘扬民族文化的盛会。

阅读链接

在歌圩节这天，壮族人请客一般是请晚餐，客人来到主人家首先要吃一碗五色糯米饭，而在晚饭正式开始之前主人家要进行一个家庭祖先的祭祀仪式。祭祀通常由女性，也就是家中的奶奶或妈妈来完成。

祭祀用品主要有：三碗糯米饭，一碗熟肉，一碗糯米酒，几个水果，一些糖果，三个汤勺和三炷香。

祭祀一般在自家的正门门口进行，点燃了香后就插在祭祀的地方。其他东西用米筛装着放在地上。这之后分别用三个汤勺舀满酒依次摆开，汤勺的柄要一致朝东的方向。

这时，家庭成员跟在奶奶或妈妈后面合起双手拜一拜，然后把汤勺里的酒倒回碗中。如此重复三次，到第三次时将汤勺里的酒倒掉。这样，祭祀就算结束了，收拾好东西便可以邀请客人入座开饭了。

吃饭时，一般相同辈分坐同一桌。愉快的晚饭结束后，主人必会送上一袋已准备好的五色糯米饭给将要离开的客人。

侗族三月三的传说和民俗

　　侗族的三月三节，又称播种节，流行于湖南、广西壮族自治区、贵州毗邻地区，是侗家为劝民适时耕种而设，每年农历三月初三举行，节期为3天。

侗族表演

■ 侗族舞蹈

民族的盛典

芦笙 为我国西南地区苗族、瑶族、侗族等民族的簧管乐器。在贵州各地少数民族居住的村寨，素有"芦笙之乡""歌舞之乡"的称誉。芦笙是少数民族特别喜爱的一种古老乐器，逢年过节，他们都要举办各式各样、丰富多彩的芦笙会，吹起芦笙跳起舞，庆祝自己的民族节日。

节后进入春耕大忙。节日活动各地不一，有的舞春牛，有的放花炮，有的吹芦笙，有的走亲串寨。

有关三月三侗族节日的来历，传说有很多。

一是传说三月三是侗族人民的播种节：

很早以前，贵州省北部的侗族住在很远的地方，在那里人们按照桐树开花的日子下谷种，秧苗出得又齐又壮，于是侗家定下了桐树开花那天为播种节的规矩。但有一年，桐树直到端午节还不开花，侗家误了播种期，颗粒无收，只好逃荒到了贵州北部。

此后，侗家吸取了教训，一到三月三，人们就吹芦笙、唱山歌，意为相互提醒该收芦、种田了。从此侗家就不再错过时令。

由于在过此节时人们在节日期间要进行抢花炮、斗牛、斗马、对歌、踩堂等活动，为此，此节日亦称为"花炮节"。

此节日从农历三月三开始，节期为3天。

每逢农历三月初一，侗族家家户户便开始做各种节日的准备工作。

三月初二，姑娘们相邀到河边捞鱼抓虾，并与小伙子们在坡上备办野餐。

初三清晨，姑娘们精心打扮后，提上精巧的竹篮，到菜园采来满篮葱蒜，在泉边用水洗净。她们排成一字长龙，站在水边小路上，羞涩地挥动篮子，悄悄地向山坡上张望，等待情郎讨取。

此时，山坡上早已站满了人，人群里边有姑娘的家人，要看看到底是哪家小伙子取走了篮子。一群穿着整洁青布对襟上衣的小伙子，在人们善意的哄笑中，一个跟一个地走上水边小路。

这时，小伙子们当众向意中人讨要篮子，得到者会迎来一阵"噢噢"的赞叹声，小伙子可与姑娘悄声约定还篮子的时间。

讨不到篮子的小伙子会招来围观者"嘘嘘"的嘲讽声，而后在寨旁山坡上对歌，以歌声继续寻觅知

端午节 我国传统节日，为每年农历五月初五，又称端阳节、午日节、五月节等。端午节是我国汉族人民纪念屈原的传统节日。习俗有吃粽子，赛龙舟，挂菖蒲、蒿草、艾叶、薰苍术、白芷，喝雄黄酒等。

■ 侗族舞蹈

音，一直唱到天亮。

这天中午，人们都集中在寨中心的大场地上欢歌狂舞。

三月初四，侗族村寨还要举行盛大的化装舞会。在这一天，会有来自各地的客人参加。

到时候，不管是侗族、苗族，还是汉族，他们与侗家村寨上的主人一齐在芦笙场跳拉手舞，人人都可参加。老年男子一会儿身穿锦缎长袍，一会儿换上家织布短衣。舞会中要换衣好几次。

妇女们则在新衣、新围腰上贴上各种各样的剪纸花卉，图样精细好看。舞会到高潮时，芦笙场上歌声、呐喊声、铁炮声响成一片。

侗寨三月三节在三月初五这天临近尾声。初五下午，侗族主人要为前来观看的邻近村寨的客人举行欢送仪式。

客人告别主人，准备回程。寨上的男女老少又和接客时一样，吹着芦笙，放响铁炮，送客人上路。边走边唱送客歌，一路依依不舍。

中年男子男扮女装，头插银饰，身穿女衣女裤。挽着男客相送，说笑打趣，以示亲热。主人把猪头、猪尾送给最主要的客人，把猪肠子挂在客人

■ 侗族姑娘在跳舞

■ 三月三对歌

糍粑 用糯米蒸熟捣烂后所制成的一种食品，是我国南方一些地区流行的美食。糍粑可烤、可煮、可煎、可炸，尤其是春节期间，亲朋好友来访，最好的见面礼便是煮上一碗荷包蛋糍粑。若将糍粑包上各种馅料，风味更加鲜美可口。

的颈上，表示交朋友一定要有头有尾：客人在时热情招待，客人别离时牵肠挂肚。

其他客人的颈上也分别挂上草绳穿的鸡蛋壳和过年泡的糍粑。

至此，三月三节日结束。

阅读链接

侗族在三月三时，要以采葱蒜的方式去寻找情人，关于这个习俗，还有这样的传说：

从前有个美丽的侗家姑娘良英，爱上了本寨勤劳朴实的桥生。桥生家贫，良英的父母嫌贫爱富，硬把女儿许给富家，逼迫良英三月初四出嫁。

但良英对桥生忠贞不渝。到了三月初三，良英捞了半芭篓鱼虾，采得半篮葱蒜，和桥生来到金塘洞旁古老的莫嘎树下相会。不料，他俩被富家发现。富家恶棍对他俩大施淫威，百般辱骂，乱棍殴打。

一对情人悲愤欲绝，于是各自在莫嘎树下印上一对深深的鞋印后，携手跳岩，投淘金潭而死。

后来，每到三月三，侗族青年们就要来到莫嘎树下，看看这对脚印，吹芦笙，唱山歌。姑娘们还要模仿良英的样子，给情郎送芭篓、葱蒜篮，久而久之，就形成了固定的节日。

瑶族干巴节的传说和民俗

瑶族以三月三为干巴节，这是瑶族人们集体渔猎的节日，并将捕获的野物、鱼类按户分配，共享收获的欢乐，后云集于广场，唱歌跳舞，欢度佳节。

瑶族舞蹈

关于瑶族的这个节日来历，跟一个传说故事有关。

相传，在很久以前，野兽经常出入瑶族村寨伤人、损坏庄稼，为了保卫家园，寨子的英雄盘古率勇士上山狩猎、捕杀猛兽，盘古不幸被羚羊用角顶破腹部而当场死亡，那天正是农历的三月初三。

为了纪念英雄盘古，瑶族人民把每年的三月初三日定为纪念盘古的日子，取名为"三月三"，又名"干巴节"。

在节日这天，天刚亮时，瑶族成年男子便手持弓弩、火枪，带上粑粑，于破晓时，到老林狩猎、捕杀野兽。

留下的妇女们则在家中杀鸡、宰鸭，做糯米饭，备办丰盛的节日食物。

在做饭时，妇女们要上山采摘小靛叶等天然染料，煮水后染成各种颜色的糯米饭，用于敬献盘古。

男子上山获得的野物，拿回来分配时，人人有份儿。要是猎不到野物，就会被人们取笑。尤其是小伙子要被姑娘所轻视，因此上山狩猎的小伙子总是不畏艰险，千方百计捕获野物。

瑶族节日盛装

部分没有老林的瑶族部落村寨人民，会在黎明前出发去下河捕鱼，他们通常是男女老少结队而去。捕到的鱼虾，也按户分配，共享节日的欢乐。之后，渔猎归来的男人们将捕获的野物鱼类按户分配。

人们回到寨中，互相串门，互相祝贺，取出香甜的米酒，吃着香味扑鼻的糯米花饭，用当天的猎物或鱼，美美地饱餐一顿。但或多或少要留下一部分，挂在火炉边上，烤成野味干巴，用来以后招待最亲近的人。

晚上，大家聚于广场，男的敲铜鼓，女的或唱起歌谣，或翩翩起舞。人们尽情享受劳动之余的欢乐，预祝丰收，欢度佳节。

阅读链接

据说，部分地区的瑶族人在三月三这天，要放下手中的农活儿集体休息一天，以祭奠盘古，即妇女们休息，做针线活儿男人们读经书、喝酒、娱乐。

姑娘和小伙子们却相约到寨子边的荒山上、丛林里对歌、谈情说爱、玩耍。

各地布依族不同的习俗

农历三月初三，是我国布依族较为普遍的传统节日，俗称三月三。节日来源与活动内容随居住地区不同有所区别。

贵阳市乌当区新堡乡一带布依族将三月三又叫"祭地蚕"，俗称"地蚕会"。

传说，古时新堡乡一带有一庄稼汉，发现年年春播之后都有许多地蚕将幼苗咬死。经过反复观察，他认为地蚕是天神放

布依族服饰

布依族节日盛装

到大地的"天马"。为避免幼苗遭受虫害，他用了许多方法祭祀都不灵验。

后来，他在春播时炒包谷花去喂地蚕，结果保住了幼苗。这个消息很快传到远近的布依人家。

此后，这一带的布依族为了保护农作物，争取获得丰收，于每年三月初三这天，用炒包谷花做供品，三五成群地至附近山坡祭祀"天神、地蚕"，祈求天神保佑，不叫地蚕咬死田地里的禾苗，让五谷丰登。

祭毕，人们沿田边土坎边走边唱山歌，并把包谷花撒向田土中。人们认为，祭了地蚕，既可使它们迷糊，又能封住它们的嘴巴，田里的禾苗即可免遭虫害。

后来，人们又将三月三定为"歌会节"。

贵阳南部郊区布依族把三月三称为"仙歌节"。节日内容与乌当区新堡乡大体相同，但他们是用唱歌的方法来祈求天神免灾。

这天，男女青年上山对歌。传说，谁唱的歌最动听，天上的歌仙听了，便会赐你一副金嗓子。你劳动到哪里，哪里就会听到金嗓子唱歌，害虫听到这声音就不敢伤害庄稼了。

在三月三这天，居住在贵州省罗甸县的布依族同胞过的则是"扫墓节"。

在这一天，当地的布依族以两家或宗族集体到祖坟墓地挂青，杀猪宰鸡，摆设酒菜和五糯米饭祭奠。

红色糯米饭是用枫叶捣碎煮水泡出的糯米，黄色糯米饭是用山上采摘的叫染饭花的花枝浸泡的，紫色糯米饭同样是用植物汁叶制作。各种糯米单独蒸好，倒入一个大簸箕里加进白糯米搅拌，五色糯米饭就这样制成了。

三月三这天，罗甸县的布依族每家每户都用背篼把腊肉、干板菜、嫩豌豆米、蒸好的米饭和五色糯米饭装好，还带有砧板菜刀、锅瓢碗盏、镰刀、柴刀、锄头、水、祭奠用的香烛纸钱、公鸡，全家出动，直奔坟山。

扫墓后，人们在坟山上娱乐、打猎和野餐。

五谷 我国古代所指的五种谷物，分别为粟、豆、麻、麦和稻。五谷在我国古代有多种说法，主要有两种：一种指稻、黍、稷、麦和菽，另一种指麻、黍、稷、麦和菽。两者的区别是前者有稻无麻，后者有麻无稻。我国古代的经济中心在黄河流域，稻的主要产地在南方，所以五谷最初无稻。

035

■ 布衣族花米饭

民族的盛典

■ 布依族祭祀

头髻 指发髻，是在头顶或脑后盘成各种形状的头发。我国古代妇女发式，因其发髻呈"十"字形，故名。其法是先于头顶正中将发盘成一个"十"字形的髻，再将余发在头的两侧各盘一环直垂至肩，上用簪梳固定。这种法式主要流行于魏晋南北朝时期的贵族妇女。

在罗甸县南部红水河一带，三月三又称"枫叶节"。北部坝王河一带，因气温较低，此时枫叶尚小，未能着色，以三月三为"枫叶节"。节日这天，人们到山野踏青游春，儿童们摘嫩枫叶做成圆球抛打，妇女们则摘几片嫩枫叶插在发髻上。

此外，家家把糯米染成五颜六色，做成五色糯米饭。青年们到山坡上吹木叶、唱山歌。如果遇上称心如意的对手，便相邀到布依村寨，通宵达旦地对歌。

临别时，主人家用芭蕉叶包着五色糯米饭和鸡腿肉分送歌手，作为节日的礼物。

贵州望谟县布依族传说三月初三是"寒日"，吃了狗肉可以驱寒。此日还有"狗请客"的习俗。

贵州安龙县部分布依族传说三月三是"山神"的生日。人们为避免山神放出蝗虫伤害庄稼，确保农业丰收，旧时有扫寨祭山神的习俗。

另外，该县德卧镇的布依族称三月三为"赶毛杉树"，又叫"毛杉树歌节"，为期3天，聚会者达数万之众。

云南罗平八达河一带布依族的三月三，是男女青年唱歌对调的节日。

这一天，男女老少来到河边听青年们唱山歌，观看孩子们比赛划竹排、打水枪。有的人家还给孩子做五色糯米饭分送道边和寨旁；有的则用小花布口袋装上鸡蛋和各类食品，供玩耍和参加比赛活动的青少年吃。

竹排 又称竹筏，用竹材捆扎而成，是有溪水的山区和水乡的水上交通工具。竹排在我国有着悠久的历史，它在船舶发展史上有自己的地位。构成竹筏用真竹配加刺竹捆扎而成，小筏用5根~8根竹子，大筏用11根~16根竹子。竹子的粗端做筏头，高高翘起，细端做筏尾，平铺水面。

歌圩之日

三月三

■ 布依族舞蹈

布依族的拦门酒

　　罗平牛街的布依族男女青年则要在这3天中举行盛大的游山、对歌和交友活动。方圆几十里的各族青年，届时也来到马把山腰一带，参加和观赏这一传统的赛歌对调活动。

　　歌手们可以在这样的场合中大显身手，凭着即兴作诗吟唱的天才，能和对手连唱三天三夜甚至更长时间。有许多男女青年就是通过这些活动建立了恋爱关系。他们唱到情投意合处，互赠信物，不久就消失于密林深处。

阅读链接

　　在贵州省贵阳市，有的地区的布依族还将这一天作为祭社神、山神的日子。

　　如清代书籍《南笼府志》中所言，"其俗每岁三月初三宰牛祭山，各聚分肉，男妇筛酒、食花糯米饭"，"三四两日，各寨不通往来，误者罚之"。

　　因此，这些地区的布依族人又称"三月三"是"仙歌节"。一村或邻近几个村临时集资买猪、牛宰杀供祭，供祭之日，外人禁止入村。

　　这一天，关岭地区要做清明粑，贵州省西部地区布依族人要扫墓，有的地区这天集会唱歌游玩，进行社交活动。

黎族三月三的传说和民俗

三月三是海南黎族群众纪念先祖、喜庆新生、赞美生活、追求爱情的传统节日。三月三历史悠久，宋代史籍中就有与三月三相关的记载。宋代诗人范成大在《桂海虞衡志》中写道：

黎族少女

春则秋千会，
邻峒男女装束来游，
携手并肩，互歌互答，名曰作剧。

■ 黎族节日盛装

竹筒香饭 黎族饮食，是用竹筒烤制的米饭。将适当的米、水放进嫩竹的竹筒里，在火堆上慢烤。水沸后，用木塞或树叶封闭筒口，继续慢烤，并随时翻动。熟后用刀破开竹筒即可食用。清香爽口，制作简单，尤适于野炊。带上米、水，上山取竹为筒，就地生火，便可制作竹筒香饭。

自古以来，每年农历三月初三，黎族人民都会身着节日盛装，挑着山兰米酒，带上竹筒香饭，从四面八方汇集到一起，或祭拜始祖，或三五成群相会，以对歌、跳舞、吹奏乐器来欢庆佳节，青年男女更是借节狂欢，直到天将破晓。

黎族三月三节的来历有多种说法。

一种是：在上古时期，聚居在昌化江畔的黎族遭受了一次特大洪灾，人畜死亡，只剩下一对叫南音和天妃的兄妹。兄妹两人长大成人以后，决定分头寻找伴侣，相约每年三月三再回到燕窝岭下相会。

结果几年过去两人无功而返。妹妹见找不到别人，就忍痛用竹签在自己的脸上刺上花纹，又用植物染上了颜色，不让哥哥认出自己，与哥哥结为夫妻，从而使种族得以延续。

于是，在一年的三月初三，他们就在燕窝岭下结为夫妻，在燕窝岭纺纱织布，生儿育女，开荒种田，挖塘养鱼，为黎族人民繁衍了后代。这就是黎族三月三节和文面来历的传说。

以后每年三月三，南音和天妃娘子跟子孙们便回到燕窝岭迎接春天。许多年过去后，天妃和南音沉睡在山洞里，化成一对石头。黎族后代为了纪念这两兄妹传宗接代的功绩，把石洞取名为娘母洞。

每年三月三这天，黎族男女老少都要带着糯米、糕饼、粽子和山兰米酒，从四面八方赶到娘母洞前纪念祖先，以对歌和舞蹈祈求本民族繁衍幸福。

后来，每逢三月三，黎族人民都以各种方式来纪念这个吉祥的节日，三月三也就成了黎族的盛大节日。

还有一种是：相传在很久以前，在俄贤岭的山洞里有一只作恶多端的乌鸦精，使黎民百姓不得安居乐业。一天乌鸦精抓到了美丽的黎族少女俄娘。

这年三月三，俄娘的心上人阿贵带着尖刀、弓箭

文面　黎族的文面是黎族人主要的标记。据说黎族先人崇拜蛇图腾，他们喜欢在自己身上文上与蛇虫一样的图案，而且黎族女子的文面也体现了等级关系，文面是有身份妇女的一种装饰。黎族文面历经数千年，是黎族一笔极其宝贵的文化遗产。

■ 黎族节日表演

鼻箫 黎族富有特色的边棱气鸣乐器，因用鼻孔吹奏而得名。吹孔设于管端节隔中央，流行于海南岛黎族，黎族语也称"虽劳""屯卡""拉里各丹"。历史久远，1000多年前已在我国海南岛民间流传。箫管用石竹制作，其长短、粗细规格不一，吹孔在竹管的细端。

上山救俄娘，被乌鸦精害死。

俄娘闻讯悲痛万分，终于趁乌鸦精熟睡之机杀死了它，为阿贵报了仇，为黎族百姓除了大害。

俄娘终生未嫁，每年农历三月三这天，她都会到山洞唱她和阿贵恋爱时的情歌。后来，黎族人民为了纪念她，把这个山洞取名为俄娘洞。

每年农历三月三这天，附近的黎族未婚青年男女都会在俄贤岭集会，唱着情歌寻找自己的意中人。此项活动逐年扩大并传播至海南各个黎族居住区，在海南黎族中形成盛大的传统节日。

三月三是黎族千百年流传下来的文化资源，是黎族文化最具体最典型的表现，也是黎族青年男女追求爱情和幸福的传统佳节。其民俗的主要特色与价值是黎族生产、生活等整体民俗风貌的集中体现，是世人了解黎族文化和历史的窗口。

每年农历三月初三，居住在东方市的黎族同胞盛

■ 黎族竹竿舞

装打扮，带着山兰米酒、竹筒香饭、粽子，成群结队汇聚到会合地点，以对歌、荡秋千、打叮咚、吹鼻箫、跳打柴舞、张弩射箭和粉枪射击等民间活动来欢度节日。

居住在三亚市的黎族同胞，则以猪头、米酒和饭团为祭品，前往三亚落笔洞祭祀，祈求祖先保佑家人平安、五谷丰登、六畜兴旺。

在节日这天，五指山地区更是一片欢乐的景象。黎族人民举行隆重的集会，预祝山兰稻、狩猎丰收。老人拎着酒坛到亲友家喝酒庆贺，男女青年更加活跃。

早晨，姑娘们穿着民族服装拥向五指山。她们将竹筒挂在树上，潜入附近的密林。当旭日东升时，手持花伞的小伙子们吹着口哨来到山坡，推举代表，用歌声向林中发问。

不一会儿，姑娘们一齐冲出来，男女青年一齐欢歌劲舞。有情意的姑娘则走到小伙子身边，在花伞下并肩谈心。如果两人情投意合，则互赠礼物留念。

节日期间，青年男女一般都要表演"跳竹竿"。此项活动由12人或16人参加，8人摆竿，4人或8人跳竿。活动在锣鼓和音乐声中开始，持竿的8人有节奏地使手中竹竿一开一合，跳竿的人则随着竹竿的开合，在竹竿中跳跃、转身。

■ 黎族歌舞表演

043

歌圩之日

三月三

打柴舞 黎语叫"转刹"，是黎族最古老、最受欢迎的舞种之一，起源于古崖州黎族丧葬活动。随着时代的变迁，打柴舞的习俗在黎族人中逐渐流传演变。如今，它已成为一种带有民族文化色彩的体育健身活动，并迅速传播到国内外，被国际友人誉为"世界罕见的健美操"。

此项活动也是黎族青年传播爱情的一种手段。获胜的姑娘常是小伙子追求的目标，而取胜的小伙子也往往是姑娘的心上人。

另外，三月三也是海南黎族人民最盛大的民间传统节日，是黎族青年的美好日子，又称爱情节、谈爱日，黎语称"孚念孚"。

在这天，海南各县、镇、乡、村都要举行隆重的欢庆活动。

会场一般设在开阔的橡胶林里，幽邃，凉爽，安谧。有时一对对情人悄悄离开篝火旁，小伙子把耳铃挂在姑娘耳朵上，把鹿骨做的发钗插在姑娘的发髻上，姑娘把自己亲手精心编织的七彩腰带系于情郎腰间，双方信誓旦旦，相约明年三月三不见不散。

阅读链接

关于黎族三月三的来历，除了以上的两种说法外，还有一种说法：三月三是为了纪念黎族的远古祖先"黎母"诞生、庆祝黎族人民幸福吉祥、繁衍昌盛而举行的节日。

相传，在远古的时候，海南没有人类，山上只有各种飞禽走兽。有一天，天上的雷公经过这里，他找来一颗蛇卵，藏在山中。

第二年三月初三这天，雷公再次经过，他从天上打下一声惊雷，把藏在山上的蛇卵裂开两半，从里面走出一个美丽的姑娘。雷公为姑娘取了个名字叫"黎"。

于是山中的五色雀、梅花鹿及各种小动物都跑来庆贺，它们叫她"阿黎姑娘"。

阿黎姑娘长大后，一天，有个英俊勇敢的小伙子跨海来到海南岛，寻找一种珍贵的香料沉香。小伙子在山中遇到阿黎姑娘，并和她结为夫妻。

夫妻两人死后，他们的子孙后代为了纪念自己的始祖，尊称她为"黎母"，把他们脚下这座母亲山叫作"黎母山"，他们自称"黎人"。

火把节

　　火把节是我国少数民族彝族、白族、纳西族、拉祜族、普米族、基诺族、哈尼族、景颇族和傈僳族等重要的传统节日。

　　其中，彝族、纳西族和基诺族等在农历六月二十四举行，白族在农历六月二十五举行，拉祜族在农历六月二十举行，为期两三天。

　　火把节有着浓厚的民俗文化内涵，蜚声海内外，被称为"东方的狂欢节"。节日期间的主要活动有斗牛、斗羊、斗鸡、赛马、摔跤、歌舞表演和选美等。

彝族火把节传说与习俗

  火把节是彝族的传统节日，四川、云南的彝族一般在农历六月二十四前后举行，贵州彝族则在农历六月初六左右进行。

  火是彝族追求光明的象征。在彝族地区，对火的崇拜和祭祀非常普遍，关于火把节的由来说法不一，其中影响最大、流传最广、最具代表性的是彝族英雄斗败天神恶魔并团结民众与邪恶和灾害不断抗争的故事。

  相传，在远古的时候，天上有6个太阳和7个月亮，白天有烈日暴晒，晚上有强光照耀，

彝族火把节歌舞表演

彝族同胞在庆祝节日

土地荒芜，妖魔横行，世间万物面临着灭顶之灾。

就在这个时候，彝族英雄支格阿龙射死了灼热的5个太阳和6个月亮，驯服了剩下的最后一个太阳和最后一个月亮，治服了肆虐的洪水，消灭了残害人间的各种妖魔。

从此，天下风和日丽，水草丰茂，彝族人民开始过着安居乐业，世外桃源般的生活。

但是，统治天地万物的天神体古孜看到人间如此繁荣富足，心怀不满，于是就年年派他的儿子大力神斯热阿比率天兵到人间征收苛捐杂税。

天兵所到之处，烧杀抢掠，无恶不作。好端端的人间又被天神恶魔搅得民不聊生，人们生活在水深火热之中，苦不堪言。

后来，支格阿龙的故乡出了个彝族英雄叫黑体拉巴，他力大无穷，智慧超人，英勇无畏，跨上骏马能日行千里，迈开脚步可飞檐走

■ 彝族女子在歌唱

燧石 俗称"火石"，古代原始人常用的取火工具。它致密、坚硬，多为灰、黑色，敲碎后具有贝壳状断口。燧石因为坚硬，破碎后产生锋利的断口，所以最早为石器时代的原始人所青睐，绝大部分石器都是用燧石打击制造的。燧石和铁器击打会产生火花，所以它也是原始人常用的取火工具。

壁。他经常为各个部落排忧解难，除暴安良，深受民众的爱戴。

一天，黑体拉巴上山打猎，站在高高的山巅上，陶醉在美不胜收的景色之中，他禁不住引吭高歌，抒发对大自然的热爱，对美好生活的渴求。

高亢的歌喉引来了另一座山上牧羊的姑娘妮璋阿芝悠扬婉转的歌声。他们隔着高山河流对唱情歌直到天黑。从此，他们相亲相爱，山盟海誓。

早就对妮璋阿芝垂涎三尺的大力神斯热阿比听说了两人的恋情，心里交织着愤恨和嫉妒，总想找机会置黑体拉巴于死地。

没过多久，忍耐不住嫉恨的斯热阿比便下凡挑战，想与黑体拉巴摔跤决斗。结果在摔跤决斗中，斯热阿比被彝族民间英雄黑体拉巴摔死，天神为此大怒，便放出铺天盖地的蝗虫到人间毁灭成熟的庄稼。

聪明的妮璋阿芝翻山越岭，找到了天边的一位德高望重的大毕摩，毕摩翻看了天书，告诉妮璋阿芝：消灭蝗虫，要用火把。

妮璋阿芝和黑体拉巴带领民众上山扎蒿秆火把，扎了三天三夜的火把，烧了三天三夜的火把，终于烧死了所有的蝗虫，保住了庄稼。

看到这情景，可恶的体古孜暴跳如雷。使用法力将劳累过度的黑体拉巴变成了一座高山。妮璋阿芝看着这一切，伤心欲绝，痛不欲生，在大毕摩的祈祷声中舍身化作满山遍野美丽的索玛花，盛开在黑体拉巴变成的那座高山上。

这天正好是农历的六月二十四。从此，彝族人为了纪念这天，每年的农历六月二十四便要以传统方式击打燧石点燃圣火，燃起火把，走向田野，以祈求风调雨顺、来年丰收。

人们载歌载舞，普天同庆抗灾的胜利，歌唱黑体拉巴的英勇和妮璋阿芝的聪明美丽。久而久之，便形成了彝家一年一度的火把节。

彝族火把节一般历时三天三夜，分为迎火、玩

火的圣典

火把节

毕摩 彝族从事原始宗教和文化活动的人，相当于巫师、祭司、经师。"毕"意即诵经者，"摩"即大。毕摩有文化，掌握古彝文和本民族的文化习俗、历史和宗教等知识，可以主持村中的祭祀活动以及禳鬼治病、占卜、婚礼等。毕摩是彝族传统文化的传承者。在彝族，他被视为神灵的使者。

■ 彝族多彩的服饰

■ 彝族舞蹈

糌粑 我国藏族牧民传统主食之一。"糌粑"是炒面的藏语译音，它以青稞磨成的粉为原料，炒熟后，以酥油为黏合剂制作而成。它是藏族人民天天必吃的主食，在藏族同胞家做客，主人一定会给你双手端来喷香的奶茶和青稞炒面，金黄的酥油和奶黄的"曲拉"、糖叠叠层层摆满桌子。

火、送火三个阶段。

其中，迎火也称为"都载"。这一天，村村寨寨都会杀牛宰羊杀猪，以酒肉迎接火神，祭祖，妇女还要赶制荞馍、糌粑面，在外的人都要回家吃团圆饭，一起围着火塘喝自酿的酒，吃坨坨肉，共同分享欢乐和幸福。

夜幕降临时，临近村寨的人们会在老人选定的地点搭建祭台，以传统方式击打燧石，点燃圣火，由毕摩诵经祭火。

然后家家户户由家里的老人从火塘里接点用蒿秆扎成的火把，让儿孙们从老人手里接过火把，先照遍屋里的每个角落，再从田边地角、漫山遍野地走过来，用火光来驱除病魔灾难。

最后，大家再集聚在山坡上，游玩火把，唱歌跳舞，做各种游戏。

火把节的第二天称为玩火，也称"都格"，意为颂火、赞火，是火把节的高潮。

天刚亮，男女老少都穿上节日的盛装，带上煮熟的坨坨肉、荞馍，聚集在祭台圣火下，参加各式各样的传统节日活动。

成千上万的人聚集在一起，组织赛马、摔跤、唱歌、选美、爬杆、射击、斗牛、斗羊、斗鸡等活动。姑娘们身着美丽的衣裳，跳起"朵洛荷"。

这天最重要的活动莫过于彝家的选美了。年长的老人们要按照传说中黑体拉巴勤劳勇敢、英俊潇洒的形象选出美男子。同时，要选出像妮璋阿芝那样善良

坨坨肉 彝语称"乌色色脚"，指猪肉块。因其每一块肉的重量均为二三两，成"坨"状，故名。彝族的主要煮肉形式，将猪肉或羊肉、牛肉砍好，用冷水煮熟，不下任何作料，包括盐。肉熟后捞起，再撒蒜水、盐及花椒等即可食用。吃时需用双手拿肉。其味非常鲜美。

■ 彝族节日盛装

月琴 我国拨奏
弦鸣乐器，由阮
演变而来。流传
于汉族、彝族、
布依族、哈尼族
等民族中，用于
独奏、合奏及歌
舞、戏曲、说唱
表演的伴奏。音
色清脆，常用于
独奏、民间器乐
合奏、歌舞、戏
曲和说唱音乐伴
奏。月琴音箱呈
满圆形，琴脖
短小。全长62厘
米，音箱直径36.3
厘米。

■ 彝族男子的特色
服饰

聪慧、美丽大方的美女。

当傍晚来临的时候，成千上万的火把，形成一条条的火龙，从四面八方涌向同一个地方，最后形成无数的篝火，烧红了整个天空。人们围着篝火尽情地跳啊唱啊，一直闹到深夜，场面宏大，气氛热烈。

当篝火要熄灭的时候，一对对有情男女青年悄然走进山坡，走进树丛，在黄色的油伞下，拨动月琴，弹响口弦，互诉相思。为此，也有人将彝族火把节称为"东方的情人节"。

火把节的第三天，彝语叫"朵哈"或"都沙"，意思是送火。这是整个彝族火把节的尾声。

这天，夜幕降临时，祭过火神，吃毕晚饭，各家各户陆续点燃火把，手持火把，走到约定的地方，聚在一起，搭设祭火台，举行送火仪式，念经祈祷火神，祈求祖先和菩萨，赐给子孙安康和幸福，赐给人间丰收和欢乐。

人们围着火把念唱祝词：

烧死瘟疫，烧死饥饿，烧死病魔，烧出安乐丰收年……

这时，还要带着第一天宰杀的鸡翅鸡羽等一起焚烧，象征邪恶的精灵和病魔瘟神也随之焚毁了。

　　然后人们还要找一块较大的石头，把点燃的火把、鸡毛等一起压在石头下面，喻示压住魔鬼，保全家人丁兴旺，五谷丰登，牛羊肥壮。

　　最后，山上山下各村各寨游龙似的火把聚在一起，燃成一堆大篝火，以示众人团结一心，共同防御自然灾害。

　　在我国少数民族传统节日中，彝族火把节是最具魅力的节日之一，享有"中国民族风情第一节""东方狂欢夜"的美誉。

彝族少女

阅读链接

　　彝族火把节的由来虽有多种说法，但其本源当与对火的自然崇拜有最直接的关系，它的目的是期望用火驱虫除害，保护庄稼生长。火把节在凉山彝语中称为"都则"，即"祭火"的意思，在仪式歌《祭火神》《祭锅庄石》中都有火神阿依迭古的神绩叙述。

　　火把节的原生形态，简而言之就是古老的火崇拜。

　　在彝族地区，对火的崇拜和祭祀非常普遍，云南泸西县彝族在正月初一和六月二十四，由家庭主妇选一块最肥的肉扔进燃烧的火塘，祈祷火神护佑平安。

　　永仁县彝族在正月初二或初三奉行祭火，称作开"火神会"；凉山彝族把火塘看作火神居住的神圣之地，严禁触踏和跨越。

白族火把节传说与习俗

白族少女

每年农历六月二十五，是白族人民盛大的火把节。这个节日是白族人民秋收前夕预祝丰收的节日。

关于火把节的由来，白族人民中流传着一个生动的民间故事。

相传，1000多年前，南诏王皮罗阁是六诏中势力最大的一个，他野心勃勃，企图吞并六诏，然后把才智过人、年轻貌美的宾川诏夫人霸占为妻，这是一位慈善的女人，人们又称为白洁夫人。

■ 白族舞蹈

　　为此，他以召开六诏会议为借口，建造了一座最易燃火的松明木楼房，宴请各诏主到松明楼聚会。南诏王的这一阴谋没有瞒过聪明的白洁夫人。她知道此去凶多吉少，劝自己的丈夫不要去参加会议。

　　但当时由于南诏王的权势，宾川诏主不敢违约，白洁夫人在无可奈何的情况下，洒泪送行丈夫，行前拿出铁镯一副，亲自戴在丈夫手上。

　　赴宴之中，南诏王派人点燃了松明楼，当熊熊火焰腾空而起的时候，各诏派兵营救，但为时已晚。不出白洁夫人所料，各诏国主都被大火烧死。

　　白洁夫人闻讯赶到后，烧死的国主侍从只剩下一堆黑黑的焦骨。白洁夫人星夜点燃火把，在这堆焦骨中用双手挖寻丈夫尸首，致使十指鲜血淋漓，最后才在一支套有铁手镯的焦骨上找到自己丈夫的遗骨。她悲愤万千，抱着丈夫的尸骨纵身跳入洱海。

　　后人为了纪念白洁夫人的贞节美德，在农历六月二十五这天，村村寨寨竖立火把，以表示对白洁夫人

南诏王 姓蒙，始祖叫蒙舍龙。蒙舍诏因其位于诸诏之南，又称南诏。738年，蒙舍诏首领皮罗阁在唐朝支持下兼并五诏，封为云南王，以西洱河，也就是后来的洱海地区为基地建立南诏国。第二年迁都太和城，也就是后来的大理。皮罗阁是南诏国第一代国王之子。

白族绣花围涎

祭品 就是祭祀时用的物品。根据不同种族和不同地域，祭品的形式也是十分丰富，有动物如猪、牛、羊、鸡，也有植物，还可以是衣物等物品。祭品的不同，不仅反映了不同部族的生活习俗，传达了农业文明对中华民族的巨大意义，而且暗示了礼的起源。

的怀念，这便是白族火把节的由来。

此外，农历八月二十三的鱼塘会，过去曾叫花船捞尸会，据说也是白族人民用来纪念白洁夫人的。

白族的火把节庆祝只有一天，但是非常热闹。

节日当天，白族男女老少聚集一堂祭祖。通过拜火把、点火把、耍火把、跳火把等活动，预祝五谷丰登、六畜兴旺。节日在当日白天做准备，在太阳落山后开始启动。主要有如下内容：

节日前夕，全村同竖一根高一二十米的大火把。这个火把是用松树做杆，上面捆着麦秆、松枝，顶端插一面旗。

旗杆用竹竿串联3个纸簸扎成的升斗，意为"连升三级"。每个升斗四周要插上国泰民安、风调雨顺、人寿年丰、五谷丰登、六畜兴旺之类字画的小纸旗，以求吉祥；升斗下面则挂着火把梨、海棠果、花炮、灯具以及五彩旗。

到了中午，人们则要带上小火把、纸钱、香烛、供品等物品到祖坟前扫墓、祭奠。小火把点燃后，撒三把松香熏墓等火把燃到把杆后大家才能回家。

这一天太阳落山前，各家要提前吃完晚饭，扶老携幼出门观赏火把和跑马。

跑马的有大人有小孩儿。绕大火把跑三圈后，才能向远处驰骋。不跑马的，就挨家挨户欣赏各家门前的火把，看谁家火把精致美观。在全村的大火把点燃之前，年轻的媳妇儿们打着伞，背上新生婴儿在火把下转三圈，以求驱邪得福。

夜幕降临时，村中老人领头献祭品，向大火把叩头。几个勇敢矫健的小伙子，一个接一个攀上高竖的大火把，将小火把逐人上传，将大火把点燃。霎时，烈焰腾空，鼓乐大作，鞭炮齐鸣，响彻云霄，场面分外壮观。

当火把上悬挂升斗的竹竿被烧断时，人们争相抢夺凌空飞下的升斗。抢到者被视为有福之人，受到大

六畜 又称"六扰"或"六牲"，是六种家畜的合称，即马、牛、羊、猪、狗、鸡。我们的祖先早在远古时期，根据自身生活的需要和对动物世界的认识程度，先后选择了马、牛、羊、鸡、狗和猪进行饲养驯化，经过漫长的岁月，逐渐成为家畜，六畜各有所长，在悠远的农业社会里，为人们的生活提供了基本保障。

火的圣典

火把节

■ 白族歌舞表演

家的祝贺，被众人拥着回家，由上一届的抢升斗冠军用烟、酒、茶款待此人。下一年度大火把上的升斗就由抢得升斗的人准备。

火把节的高潮是耍火把。男女青年各持一个火把，见人就从挎包里抓出一把松香粉往火把上撒。每撒一把，发出耀眼的火光，发出"轰"的一响，火苗燎向对方，叫作"敬上一把"。

白族人认为，火苗指向可燎去人们身上的晦气，喜气洋洋。燎耍过后，青年们要成群结队，举着小火把到田间地头，向火把撒松香粉，给谷物照穗，其意是消除病虫保丰收。

火把节的尾声还要跳火把。午夜前后，人们把狂欢时燃烧着的火柴棍堆成一堆堆的篝火。男女青年一个接一个从篝火来回跨越两三次，祈求火神"禳灾驱邪"。

■ 白族老人在演奏

■白族集体歌舞

同时，要看谁跳跨得高、跳得远，直到尽兴为止。

在节日这天的最后，大家互相道别散去。临走的时候，人们还要到燃尽的火把下面，捡一些木炭回去，并把它们放在房子的外面，据说，这样还可以辟邪呢。

阅读链接

在白族的部分村落，有的地方在火把节这天，白天还要举行斗牛、摔跤等娱乐活动，入夜则点燃火把，成群结队行进在村边地头、山岭田埂。远处望去，火龙映天，蜿蜒起伏，十分动人。

最后，人们还会一起聚到广场，将许多火把堆成火塔，火焰熊熊，人们围成一圈，唱歌跳舞，一片欢腾。

纳西族火把节传说和习俗

　　纳西族称火把节为"创美生俄"，有"初以库市迪，若以生俄迪"的谚语，意思就是冬季最大的节日是春节，夏季最大的节日是火把节。这是纳西族仅次于春节的一个隆重节日。

■ 纳西族妇女

《丽江竹枝词》中就有这样的诗句来描写纳西族农村热闹的火把节:

星回佳节例相沿,
火炬村村照稻田。
谷穗出头看火把,
老农相庆兆丰年。

关于纳西族火把节的来历,也有一个传说故事:

相传很久很久以前,天神子劳阿普非常嫉妒人间的幸福生活,就派一位年老的天将到人间,要他把人间烧成一片火海。

老天将来到人间,看到一个汉子将年纪稍大的孩子背在身上,把小的孩子反倒牵着走,他感到奇怪,细一问方知背着的孩子是侄子,牵着的孩子是儿子,因哥嫂已死,汉子认为应该好好照料侄子。

老天将被这样的人间美德深受感动,想着人们的心地是如此善良,怎忍加害于他们,便将天神命他烧毁人间的消息告诉那汉子,要他告诉人们于六月二十五那天事先在门口点燃火把,并一连点3个晚上,点得越旺越好,以此免去灾难。

于是,善良的人们相信了老天将的话,就按照他的方法,纷纷点起火把,一连三天三夜,火光冲天。

■ 纳西族老人

纳西族 我国少数民族之一。纳西族主要聚居于云南省丽江市古城区、玉龙纳西族自治县、维西傈僳族自治县、香格里拉县、宁蒗彝族自治县、永胜县及四川省盐源县、木里藏族自治县和西藏自治区芒康县盐井镇等。由于纳西方言的差异,有纳西、纳、纳日、纳罕、纳若等多种称呼,但基本族称都是"纳"。

■ 纳西族舞蹈

芦笙舞 一种以男子边吹芦笙，同时以下肢，包括胯、膝、踝的灵活舞动为主要特征的传统民间舞蹈。它流传广泛，是流行于我国南方的苗族、侗族、水族、仡佬族、彝族、拉祜族、傈僳族、纳西族等少数民族地区的民间舞蹈。笙分葫芦笙与芦笙两大类。葫芦笙用葫芦做笙斗，芦笙为木制笙斗。

天神在天上看了3个晚上，看到人间一片火海，以为人们早已在火海中灭亡，便沉沉地睡去，再也没有醒来。后来，纳西族人民就把这天定为火把节。

纳西族的火把节要过3天，一般是在农历六月二十五至二十七，金沙江一带的纳西族人是农历六月二十四到二十六。

火把节的第一天，人们选择又好又长的松木，劈成细条，中间加上易燃的松明，捆扎成火把。傍晚，各家门前的火把就点燃了。寨子里的青年们个个拿着又细又长的小火把，沿着田埂、山路，边走边唱，直到深夜。

第二天的火把普遍要比第一天的高出一节。

第三天是火把节的高潮，火把扎得又高又大，装饰得很漂亮。所有角落都照遍，以求照亮庄稼，消灭害虫，预祝丰收。人们高举火把，尽情歌舞，通宵达旦。

在节日期间，纳西族人白天还要举行斗牛、摔跤和对唱民歌等。晚上家家点燃大火把，高高插在粮架顶或树上，并在院中或巷道点燃很多小火把。小孩子要举着火把游转，往火把上撒松香粉，跳火把，大人跳芦笙舞。

有的村寨到了夜晚，还要把各家火把集中在村外燃烧。在人群聚居的地方，还要点巨型火把、燃放孔明灯等，并围着火把尽情狂欢。

此外，城镇的纳西族人还有独特的庆祝方式，他们家家把火把排在门前街上，一排排火把齐燃，把大街小巷照得如同白昼，火把如林，人流如潮。火把燃得越旺，就越吉利，人们越高兴。

孔明灯 又叫天灯，相传是由三国时的诸葛孔明发明的。当年，诸葛孔明被司马懿围困于平阳，无法派兵出城求救。孔明算准风向，制成会飘浮的纸灯笼，系上求救的讯息，其后果然脱险，于是后世就称这种灯笼为孔明灯。另一种说法则是这种灯笼的外形很像诸葛孔明戴的帽子，故名。

阅读链接

丽江县大研一带的纳西妇女，在火把节这天，还要穿上特殊的"披星戴月"服饰。

这种服饰大襟宽袖布袍，袖口捋至肘部，外加紫色或藏青色坎肩；下着长裤，腰系用黑、白、蓝等色棉布缝制的围腰，上打百褶，下镶天蓝色宽边；背披"七星羊皮"，羊皮上端缝有两根白色长带，披时从肩搭过，在胸前交错系在腰后。

羊皮披肩典雅大方，既可起到装饰作用，又可暖身护体，以防风雨及劳作时对肩背的损伤。羊皮披肩是丽江纳西妇女服饰的重要标志。

它一般用整块纯黑色的羊皮制成，剪裁为上方下圆的形状，上部缝着6厘米宽的黑边，下面再钉上一字横排的7个彩绣的圆形布盘，圆心各垂两根白色的羊皮飘带，代表北斗七星，俗称"披星戴月"，象征着纳西族妇女早出晚归，披星戴月，以示勤劳之意。

拉祜族火把节传说和习俗

在拉祜族心目中，火把节是"男人节"，而春节是"女人节"。拉祜族人习惯把火把节定在六月二十四，火把节和春节是拉祜族最为隆重的两个节日，一般都要回老家与亲朋好友们一起度过。

■拉祜族青年

关于拉祜族火把节的来历，还有一个传说故事：

从前，在拉祜族人居住的山上住着一个善人和一个恶人，恶人专吃人眼。

六月二十四这天，善人用蜂蜡裹在山羊角上，点燃蜂蜡后叫山羊去找恶人，恶人看到火花，以为人们拿火枪来打他，便急忙躲进了山洞里，并用石块堵住洞口，结果被洞里冒出来的水淹死了。

从此，人们就不再担心恶人来吃眼睛，可以安稳稳地搞生产了。

■ 拉祜族特色服饰

后来，每年的六月二十四，拉祜族人民便高举火把，以示庆贺，久而久之，这天便成为他们的火把节。

火把节这天，拉祜族人要点着火把到田间地里举行叫魂仪式。路遇拉祜族人家叫魂，切记不能与他们讲话，否则被认为惊动神灵，也不能随意触摸治鬼器具。

此外，在火把节这天，拉祜族人还有以下习俗：

在节日这天，拉祜族人每家必须杀一只鸡，肉多的地方煮吃，骨头多的地方剁碎后与青辣子炒着吃，并看卦总结上半年的生产生活，预测下半年的吉凶祸福。有条件的话宰羊，或者买几斤羊肉吃。

卦 古代用来占卜的工具，它是象征自然现象和人事变化的一套符号，以阳爻、阴爻相配合，每卦三爻，组成八卦供占测用。古代视占卜所得之卦判断吉凶祸福。

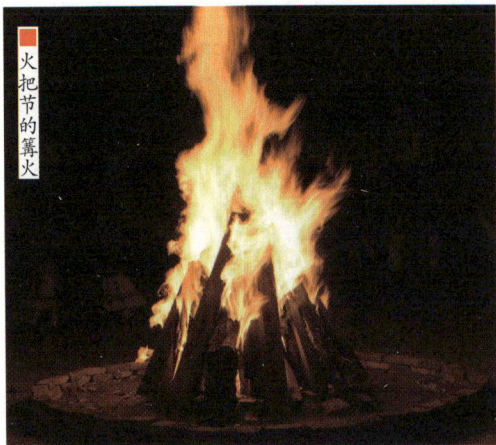
火把节的篝火

为了过好火把节，拉祜族人在平时还要从山上找一些草根树木留着，用来在火把节晚上与米、鸡内脏、鸡头脚或者羊肉一起炖着吃。

吃好后睡觉，不得喝冷水和吹风，第二天最好还是躺在床上休息。一般是老人、有病的人吃，小孩儿和年轻人一般不吃。

平时还要找些松香、晒干的松树等，并找一些面瓜叶、黄瓜叶捻细搅拌在一起，有时还要找些火药。

到火把节的当天晚上，大家一起点起火把，从房子的每个角落撒起，逐步撒向附近的瓜果树木。

拉祜族人在过火把节时，一般休息3天，在这3天里，人们迎来送往地走亲串戚，商谈上半年的生产生活情况和下半年的打算。不过，后来拉祜族居住的地方开始种烤烟，有的地方由于生产的需要，仅休息一天。

火把节期间，拉祜族男人还要外出狩猎，打些野味食用。

阅读链接

过去，拉祜族人认为，农历二月初八过后，死去的人和活着的人是经常在一起的。到了六月的火把节，拉祜族人认为是阴间丰收的季节，祖先不再挨饿，便得跟他们分开。

于是，拉祜族人便会驱赶缠着活人的阴魂，对经常患病、身体虚弱的人进行叫魂。叫魂一般请"魔八"来进行，需要鸡、米、盐和红白蓝黑线等。

普米族火把节传说和习俗

普米族的火把节通常在农历六月二十五举行。居住在宁蒗彝族自治县的普米族，到了火把节这天，要举办祭祀火神活动。

据传，普米族人崇拜的火神叫昂姑咪，本是摩梭人的女始祖。她

■普米族少女

普米族的乐器

摩梭人 生活在我国云南省西北，四川、云南交界处风光秀丽的泸沽湖畔，他们是纳西族的一个分支，但没有文字。泸沽湖以其独特的摩梭风情和秀丽的山水风光闻名于世。摩梭人的语言、服饰、婚姻习俗跟金沙江西部的纳西族有差异。

为了子孙和普米族的幸福，潜入天宫盗来了火种，并以自己的身体当火炬把火种引到了人间，让摩梭人和普米族同时获得了火。为了世世代代不忘昂姑咪的恩德，普米族便把昂姑咪带来火种这天定作祭祀的火把节。

普米族火把节的另一个由来，据说是惹怒了天官，天官在办法最多的鹌鹑鸟调解下制定了天规：每年农历六月二十五，普米族要祭祀，户户要火把。不然，虫子就要来吃荞麦，老天爷就要下雪弹子来打庄稼，大象就要来糟蹋粮食。

这种风俗沿袭下来，就成了后来的火把节。

火把节的一大早，普米族人便在各自的村寨口，栽下一棵大松树，象征昂姑咪的化身。树上挂满小火把，村中有多少人，就要在树上挂系与人口数相符的小火把。下午用牲礼祭过化身后，由村中年岁最高的一位老妇人将化身的大松树点燃。

参加活动的人，各从化身上取下一个小火把，也在化身上将其点燃。之后，众人在老妇人的带领下，跳起锅庄舞，歌颂昂姑咪献身传火的功绩。

礼赞过化身后，各人相约成组，手舞火把，跳舞于村寨、田野、山林间并放声高歌。祈求火神昂姑咪赐福，庇佑全村人畜兴旺、五谷丰盛、村寨平安、事事如意……

古往今来，普米族每年的火把节之夜都在不同地域庆祝，从山寨到城镇，从高山到平坝，人人燃起火把，手拉手，足跟足，围成圈子载歌载舞。

老人弹着平日积满灰尘的月琴，小伙子吹着很久没有摸了的笛子，姑娘们吹弹着挂在胸前的口弦，祈望年年五谷丰登，六畜兴旺，歌唱美好的生活。

在月光下，一个个火把，一堆堆熊熊燃烧的篝火，像一颗颗天上的繁星落到人间，到处是火的世界，到处是歌舞的海洋。人们尽兴地唱，尽兴地跳，火把节之夜的热闹场面历代文人多有详细描述。

过火把节时，晚上吃过晚饭后，首先由某一家开始点燃火把，然后就争先恐后地燃起火把往村外走，人们唱起火把歌，歌声随着火把的蔓延响彻山谷。

随后按约定俗成的方向又形成一条火龙来到公共娱乐场地，他们将火把集中起来燃成一堆大火，全寨人围着火堆，快乐地唱歌、跳舞、做游戏。

阅读链接

在改革开放、党的民族政策光辉照耀的今天，普米族的火把节被赋予了更新的多样性、群众性、娱乐性的内容。人们不仅继承和发扬其优秀传统文化的部分，而且融进了时代的气息，构成新的景象。

例如，节日期间，国外游客、省内外游客大量涌来，做买卖的人大量涌来，外来者远远超过本地人，火把节成为吸引各方人士前来观光旅游和洽谈贸易的平台和机会。

各种群众性的文艺体育表演节目也一年比一年丰富多彩，民间节日也自然成了地区性的节日，从乡村节日走向了城乡节日，从单一民族节日成为多民族共同的节日。

基诺族和哈尼族节日习俗

基诺族老人

在我国，除了彝族、白族、纳西族、拉祜族和普米族等少数民族有过火把节的传统外，居住在我国西南地区的基诺族和哈尼族也有过火把节的习惯，而且这两个少数民族在过火把节时，还有不同的一些风俗习惯。

火把节是基诺族的传统岁时节日，每年农历六月间择日举行。节前，由卓巴、卓生分派一些人上山砍松柏，用砍来的树枝在寨内广场上支起一个高大的火把。

这天全寨人停止劳动，男女老幼皆着节日盛装，亲戚朋友互相拜访。晚上，在塞外点起火把，人们汇集到火把周围，待卓巴向火把祈祷后，人们便纵情歌舞，老人们开怀饮酒。青年男女则和着锣、象脚鼓和三弦，尽情鼓舞，通宵达旦。

基诺族的节日与祭祀活动基本上是不分的。把祭祀这种神圣的活动穿插在节日的进程中，体现了基诺族人对节日的重视，他们渴望通过这些虔诚的行动，达成心中的一个个美好愿望。

后来，在基诺族的节日里已经很少看见祭祀活动了，他们改用文娱活动庆祝自己的节日，表达自己的祝愿。

■哈尼族服饰

哈尼族的火把节在每年的农历六月，哈尼族人称之为"吃扎扎节"或"苦鲁节"，这是哈尼族最隆重的节日之一，也称为"六月年"。

哈尼族的"吃扎扎节"在每年的农历六月二十三至二十六。同其他少数民族的火把节一样，哈尼族人也在火把节燃烧火把，不同的是，哈尼族人点燃火把的那一天，是"吃扎扎节"的第四天。

在这天，是哈尼族人"吃扎扎节"最热闹的一天。

这天，各家都用松木柴扎火把，因为一年有12个月，所以每个火把都要扎上12道绳子，闰年则扎13道，象征"月月平安"。还要由全村寨的人共同扎一

卓生 也叫卓色，是寨母或称谓老菩萨、大斋。卓生和卓巴是基诺族村寨中两个古老氏族的长老，是村寨里享有最高威望的人。担任此职的唯一条件是年龄最大，而不是勇敢善战，经济富裕，能说会辩。即使他碌碌无为，甚至是个失明、失声者，也得义不容辞地担任村寨长老的职位。

哈尼族民族舞蹈

个大火把，安置在村中较开阔的地方，象征全村寨的人兴旺发达。

天黑以后，哈尼族人便点燃自家的小火把，照遍家中的每一角落，借此"驱除鬼怪"，然后由家中的男孩子将火把送出村外，以示将鬼怪驱向远方。

另外，有些地方的哈尼族人还要举着小火把到田埂上走一走，以此象征驱逐虫害，求得丰收。

最后，全村老幼集中到大火把下，点燃大火把，围着火把唱歌跳舞，熊熊的火焰映红舞者的笑脸。火把燃尽，人群散去，哈尼族的火把节也就缓缓地落下了帷幕。

阅读链接

过去，哈尼族人过火把节就像过春节一样隆重。

火把节一到，他们除了像过春节一样舂粑粑、摆酒席、祭祖、祭神、跳扭鼓舞之外，还要荡秋千、吃新米。

哈尼族人非常重视荡秋千，凡盛大的节日都少不了，即使是初生的婴儿也要由大人抱着在秋千上晃荡几下，据说，这样可以"荡除邪气，消灾免难"。

特色节日

　　我国的少数民族众多，各民族的节日丰富多彩。除了前面很多民族共有的节日外，如三月三、泼水节、火把节等，著名的还有蒙古族的那达慕、傈僳族的刀杆节、哈尼族的扎勒特、苗族的花山节、藏族的酥油花灯节、景颇族的目脑纵歌和拉祜族的月亮节等。

　　在节日期间，人们穿上丰富多彩的民族盛装，载歌载舞，欢聚一堂，以本民族特有的形式举办各种庆祝活动。

蒙古族那达慕大会的习俗

蒙古族在祭敖包

那达慕大会是蒙古族最盛大的节日聚会。那达慕是蒙古语的译音，译为"娱乐"或"游戏"。这是蒙古族人民最喜爱的一种传统体育活动形式，时间在每年农历的六月初四至初八，共5天。

那达慕大会在蒙古族的生活中占有重要地位，是适应蒙古族生活需要而产生的。

那达慕的前身是蒙古族的祭敖包，过去那达慕大会期间要进行大规模祭祀活动，喇嘛们要焚香点灯，念经诵佛，祈求神灵保佑，消灾消难。

蒙古族在长期的游牧生活中，那达慕大会发生了变化，创造和流传下来一系列具有独特民族色彩的竞技项目和游艺、体育项目。

那达慕大会有久远的历史。据铭刻在石崖上的《成吉思汗石文》记载，那达慕大会起源于蒙古汗国建立初期。早在1206年，成吉思汗被推举为蒙古大汗时，他为了检阅自己的部队，维护和分配草场，每年7月至8月间举行"大忽力勒台"，也就是我们平时所说的聚会活动。

■ 蒙古族射箭比赛

聚会时，将各个部落的首领召集在一起，为表示团结友谊和祈庆丰收，都要举行那达慕大会。起初只举行射箭、赛马或摔跤的某一项比赛。

到元、明时，把射箭、赛马、摔跤比赛结合在一起，成为固定形式。后来蒙古族简称这三项运动为那达慕大会。

在元朝时那达慕大会已经在蒙古草原地区广泛开展起来，并逐渐成为军事体育项目。元朝规定，蒙古族男子必须具备摔跤、骑马、射箭这三项基本技能。

到了清朝，那达慕大会逐步变成由官方定期召集的有组织、有目的的游艺活动，以苏木、旗、盟为单位，半年、一年或三年举行一次。此俗沿袭至今，每年蒙古

祭敖包 蒙古族传统的祭祀活动。敖包通常设在高山或丘陵上，由石头垒起，上插树枝、柳条。树枝上挂满五颜六色的布条和纸旗，四面放着烧柏香的垫石。供有整羊、马奶酒、黄油和奶酪等。祭敖包时，由萨满巫师击鼓念咒、膜拜祈祷。牧民都围绕着敖包，从左向右转三圈，祈求风调雨顺、人旺年丰。

族都举行那达慕大会。

现在，那达慕大会的内容主要有摔跤、赛马、射箭、赛布鲁、套马、下蒙古棋等民族传统项目，有的地方还有田径、拔河、排球、篮球等体育竞赛项目。

此外，那达慕大会上还有武术、马球、骑马、射箭、乘马斩劈、马竞走、乘马技巧运动、摩托车等精彩表演。参加马竞走的马，必须受过特殊训练，四脚不能同时离地，只能走得快，不能跑。

夜幕降临，草原上飘荡着悠扬激昂的马头琴声，篝火旁男女青年轻歌曼舞，人们沉浸在节日的欢乐之中。

摔跤、赛马、射箭是自古以来男子汉们必备的本领，也是衡量他们有没有本事的标志。这些活动不需要专门的场地、特殊的器材和固定的人数，随时随地都可进行。因此，不仅是那达慕大会的主要内容，劳动之余或婚礼、节日等喜庆时刻，民间也经常开展。

蒙古族摔跤既不同于中国式摔跤，也不同于日本的相扑，其规则、方法、服装、场地等方面都有自己的特点。

比赛规则是不分等级，没有身高、体重和年龄限

■ 蒙古族摔跤比赛

乘马斩劈 蒙古族的一种马上技巧。乘马斩劈分为单刀斩劈和双刀斩劈，起源于古老的骑兵战术。当骑兵向敌人发起进攻时，挥舞其马刀劈向所有阻挡他们前进的目标。乘马斩劈难度较大，不仅要有强壮的体力，而且必须具备过硬的骑术。

制的。在参与人数上，只要是2、4、6、8、10等双数即可。

所有选手由德高望重的裁判员负责编排配对或抽签配对后上场。比赛实行单轮淘汰制，一跤定胜负，失败者不允许再上场。

裁判员发令后，双方握手致意，然后比赛开始，可以采取勾、拉、踢、绊、推等各种方法和技巧，但不能抱腿摔，也不准乱踢，更不能扯裤子，膝盖以上任何部位着地即为失败。每轮淘汰半数。

比赛场地简单，只要有一片草坪或松软空地即可，观众席地围坐，摔跤手就可以在中间进行比赛了。比赛前，双方都有人高唱挑战歌，以助声势。摔跤手入场、退场时都要模仿雄鹰的动作，跳跃行进，威武雄壮。

蒙古族赛马一般分为赛走马和赛奔马两种。赛走马是指让马走对侧步，即前后蹄一顺交错前进，比马的速度、耐力、稳健和美观。参赛的马多用5岁以上的成年马，骑手也以成年人为主。

比赛时，要求骑手有高超的骑术，能够驾驭好马，使其既走得快、稳、美，又不能跑起来。

赛奔马是比马的速度和耐力，以先到达终点者为胜。奔马的步伐与走马不同，是四蹄分前后成双交错奔跑。

那达慕赛大会上的赛马

民族的盛典

■ 那达慕盛会旗帜飞扬

奶酒 主要为我国北方游牧民族所酿造与饮用。从古代的匈奴、东胡、乌桓、鲜卑到现在的蒙古、柯尔克孜、鄂温克等民族，都非常擅长酿造奶酒。这些民族在古代过着"逐水草而迁徙"的游牧生活。为防饥渴，常在随身携带的羊皮袋中装些马奶。由于整天骑马颠簸，马奶的乳清和乳滓分离开来，乳滓下沉，乳清上浮，于是成了具有催眠作用的奶酒。

参赛的选手大多为男子，尤以十二三岁的小男孩儿居多，因为他们体形轻便敏捷。为了减轻马的负荷和照顾骑手的安全，奔马都不备鞍具或配备轻巧的鞍具。骑手们只穿华丽的彩衣，头束红绿飘带，显得英武、神气。

赛程一般长25千米至35千米。奔马赛比走马赛普遍，参赛的人数也多，少则几十人，多则超过百人。

比赛开始，选手们迅速跃马，扬鞭飞奔，观众则雀跃欢呼，呐喊助威。按蒙古族的习俗，赛马结束后还要赞马。

取得名次的马依次排列在主席台前，由德高望重的老年人诵唱赞马词，然后还要朝获得第一名的马身上洒奶酒或鲜牛奶，以示祝福。

除了这种传统的赛马方式外，近些年还出现了障碍赛、花样赛等新的赛马形式，使马上运动项目更加丰富，更加精彩。

蒙古族射箭也分静射和骑射两种。弓箭的式样、重量、长度、拉力都不限，各取其便。

一般规定每人射9箭，分3轮射击，以中靶的箭数多少评定名次。静射即指站立不动拉弓而射。人和靶位之间的距离可依具体情况而定，但同一次比赛赛程是固定不变的。

骑射是指选手在特制的跑道上边骑马奔驰边拉弓而射。跑道通常为一条4米宽、85米长、半米多深的沟。跑道左侧立有两个靶位，右侧立有一个靶位。比赛时，射手跃马进入跑道，在疾驰的马背上张弓搭箭，瞄准劲射。

阅读链接

蒙古族那达慕大会的召开，一般都集中在每年的春、夏、秋三个季节，而且每次必须进行赛马、摔跤、射箭3个体育项目。蒙古人把这3项比赛称为"好汉三技艺"。

那达慕大会由有名望的长者来主持。开幕式上，主持人献上洁白的哈达，朗诵颂词，其主要内容是赞美草原上的英雄博克、飞快的骏马和著名的射手们，并预祝那达慕大会的胜利召开。

后来，那达慕大会除了进行男子三项竞技外，还增加了马球、马术、田径、球类比赛、乌兰牧骑演出等新的内容，同时举行物资交流会和表彰先进。

当举行那达慕大会时，牧区方圆数百里的牧民穿起节日的盛装，骑着骏马或乘坐汽车、勒勒车，络绎不绝地前来参观。那达慕大会期间帐篷林立，组织广泛的物资交流会，以促进生产。晚上还举行各种形式的文艺活动。那达慕大会已成为全民健身和群众娱乐的重要活动。

傈僳族刀杆节的传说和习俗

　　刀杆节，也写作"刀竿节"，是傈僳族的一个重要节日，傈僳语叫"阿堂得"，意思是爬刀节。云南腾冲、保山、怒江等地傈僳族的刀杆节是每年农历二月初八举行。

■ 傈僳族妇女在庆祝节日

关于这个节日的起源，还有一个古老的故事。

■ 刀杆节爬刀山

传说，在明朝，朝廷派兵部尚书王骥来边疆安边设卡。王尚书到职后，很快赶走了外来的侵略者，他体察边民的疾苦，积极帮助傈僳族发展生产，使傈僳族人的日子越过越好，受到傈僳族人民的爱戴。后来，王尚书遭奸臣的诬告，被调回朝廷。

在农历二月初八的洗尘宴上，王尚书被奸臣用毒酒害死。当这个不幸的消息传到傈僳山寨时，气得人们摩拳擦掌，都想给王尚书报仇。

为了纪念这位反抗外族入侵的人物及在战斗中牺牲的人，傈僳族决定将这天作为"刀杆节"，并用上刀山、下火海等象征仪式，表达愿赴汤蹈火相报的感情，由此沿袭，逐渐形成传统。

兵部尚书 我国古代官名。是六部尚书的其中之一，别称为大司马，统管全国军事的行政长官，明代为正二品，清代为从一品。明、清两代，兵部下辖四部门，当时分管各地驻军的粮草、军队的调动以及军队官员任命的衙门。

■ 刀杆节爬刀山

气功 一种以呼吸的调整、身体活动的调整和意识的调整为手段，以强身健体、抗病延年、开发潜能为目的的锻炼方法。气功发源地是我国。在古代气功通常分为吐呐、行气、布气、服气、导引、炼丹、修道、坐禅等，我国古典的气功理论是建立在中医养生健身的理论之上的，自上古时代即在流传。

节日这天，几十里内外的傈僳族群众，穿着节日的盛装，从四方八面汇集到刀杆场来。

在夜幕降临大地时，刀杆场上里里外外燃起许多火堆。广场中央燃起4个大火堆的熊熊烈火腾空而起，照射着满场的人群。

接着锣声响成一片，刀杆场上的人们互相拉起手来，围着明亮的火堆，跳起轻快的舞蹈。当场上四堆烈火燃得只剩下红红的火炭时，活动的主持者宣布"跳火海"活动开始。

这时，5个光着双脚的剽勇汉子立即闯入场上的火海，在里面不停地弹跳，急促的脚步踩起无数的火花四处飞溅，好似飞逝的流星。

接着，踩火者以闪电般的速度，个个手捧通红的火炭，分别在脸上和身上擦洗，然后让火球在他们手中飞快地翻滚、搓揉。

围观的群众时而欢快，时而紧张，时而赞叹，时而惊讶，观众不时地发出阵阵喝彩声。经过一阵紧张激烈的表演，一堆堆火炭被踩成碎粒，火焰也奄奄一息时，"跳火海"活动才宣告结束。

第二天，刀杆场上竖起两根20余米高的红花树杆，树间交叉着36把刀刃朝上的长刀。晌午时刻，欢乐的人群再次挤满广场。

随着主持者一声令下，顿时锣鼓喧天，鞭炮齐鸣，头天晚上"跳火海"的5名勇士头戴蓝布帽，身穿大红袍，赤脚冲至刀杆树下，各自斟满一杯壮胆酒一饮而尽。随即他们纵身跳上刀杆，双手紧抓上层的刀面，赤脚斜踩在下层锋利的刀刃上，运用平时练就的气功本领撑着脚掌，手脚交替，一步一步地向上攀登。

当勇士们登上高高的杆顶时，场上簇拥的观众，个个瞠目结舌，并爆发出热烈的欢呼声。

后来，刀杆节这个群众性的活动，去掉了过去一些带有迷信色彩的环节，掺进了一些健康新颖的唱词，舞蹈更加欢快有力了。

传统的三弦儿舞，增加了手上的舞蹈动作，配以唱词和锣鼓，舞姿更加轻快活泼。情歌对唱、箫演奏等也搬上了舞台，使这项活动更富有民族特点和吸引力。

083

民族风情

特色节日

阅读链接

刀杆节是傈僳族人民自然崇拜的产物，更是傈僳族人民不畏艰险的民族精神的体现。

节日中，原始信仰的内容已被展现健康新颖的唱词和丰富的手上舞蹈动作的"跳嘎"所取代，具有了更广泛的群众性。这一古老而又奇特的刀杆节，已被有关部门正式定为傈僳族的传统体育活动。

哈尼族扎勒特的节日习俗

哈尼族少女

哈尼语"扎勒特"或"米索扎",是哈尼族的重要节日。汉语称为十月年,也称年节。时间从农历十月的第一个龙日开始,直至猴日结束,历时五六天,是哈尼族一年中时间最长、内容最丰富的节日,相当于汉族的春节。

哈尼族以农历十月为岁首,所以每年农历十月的第一个龙日要过十月年。十月年为大年,按哈尼族的历法,十月是岁首。具体日期各寨可先可后。

■ 哈尼族舞蹈

特色节日

这时，正是大春上场，厩中猪肥的时节，有条件的人家都杀牲，舂糯米粑粑，蒸年糕，染黄糯米饭，献天地祖宗。

男女老少都着新装，亲友们互相走访。有男孩子的人家多在这个节日里请媒人去说亲，嫁出去的姑娘也要带着酒、肉和粑粑回娘家献祖过年。村里的老年人轮流到接到订婚礼物或有姑娘回家的人家去探望，分享一些礼品。

农历十月年的第一天，所有的哈尼族山寨都打扫得干干净净。男女老少穿上崭新的民族服装，姑娘们头上、新衣上缀满了闪闪发光的银泡、银链、银牌，走起路来"叮当"作响，既好看又好听。

年节的头天拂晓，家家的妇女都忙着舂粑粑，做团籽面，寨子上空响彻了"空通空通"的舂碓声。男人们忙着杀猪宰牛，烹制各种美味食品。

哈尼语 属汉藏语系藏缅语族彝语分支。分布在我国云南省的红河哈尼族彝族自治州、西双版纳傣族自治州以及墨江哈尼族自治县、江城哈尼族彝族自治县、思茅市、镇沅彝族哈尼族自治县、景东彝族自治县、澜沧拉祜族自治县、新平彝族傣族自治县等县市。分哈雅、碧卡、豪白3个方言。哈雅方言又分哈尼和雅尼2个次方言。

哈尼族女服

龙日那天上午，有的只吃团籽和粑粑，不吃早饭。中午，人们在寨子广场上架起高大的秋千，进行荡秋千活动。好斗的青年们则聚集在一起进行陀螺比赛和摔跤游戏。晚上，草坪上燃起熊熊篝火，人们围火而坐。

老人们唱起民歌，小伙子们则敲响铓锣大鼓，姑娘们跳起欢乐的"扭股舞"，男女老少载歌载舞，通宵达旦。

按传统规矩，年节的每天早晚吃饭前，家家都要用小簸箕抬着一盅酒和3个团籽送到村口倒掉，意即祭献祖宗。随即又送一些食物到同宗辈分最大的人家去，以示不忘血缘祖根。

有的地方，节日期间还要举行"资乌都"活动，即欢乐幸福的酒会。各家各户将烹制好的各种美味佳肴用小簸箕端到街心，摆在长长的簸垫上，全寨人同饮共食，通街宴长达百十米，场面极为壮观。

阅读链接

哈尼族在过扎勒特节期间，凡出嫁的姑娘都必须回娘家恭贺新禧，外甥要向舅舅讨压岁钱，娘家同宗亲属要好酒好肉款待，还要送些粑粑和煮熟的鸭蛋。

此外，哈尼族素来好客，过年期间要请附近的其他民族到家里做客，即使是过路的陌生人也要热情款待。吃过饭了还要送些粑粑、腊肉让客人带走。

苗族花山节的传说和习俗

　　花山节又名踩花山、跳花场、踩场、踩山等，流行于贵州省黔西北、四川省南部和云南省东南部的苗族地区。

　　由于苗族住地不同，服饰有差异，因此，苗族过花山节的日期也不一致，节日的名称也不尽相同。有的在农历正月，有的在农历六

苗族舞蹈

月，有的在农历八月。

"踩花山"最初是为了祭祀苗族的祖先蚩尤，后来的活动内容又添加了花山祭杆仪式、爬花杆、芦笙歌舞、斗牛、武术表演等。节日期间，盛装的苗族男女打着五彩缤纷的花伞对唱情歌，热闹非凡。

关于踩花山的来源，有这样一个传说：

很久以前，在白云深处有一座桃花山，山上有个桃花寨，寨里有个美丽的桃花姑娘。她聪明、勤劳，十分善良。对老人像对自己的爹娘，对朋友就像对自己的亲姐妹一样。

她身前身后总簇拥着一大群人，不少小伙子向她求爱。桃花姑娘却只愿嫁给一个忠厚老实，天天只会打猎、种地、吹笙的老憨哥。

一天，桃花姑娘被人抢走，憨哥得知，立即取下腰上的弯刀，把面前一棵棕树砍倒，发誓要找到桃花姑娘，杀死仇人。

乡亲们很同情他，纷纷拿出钱粮资助老憨哥。于是他带上盘缠、弯刀、弓箭和桃花用他过去猎来的禽毛兽皮缝制的百鸟衣，离开了家乡。

原来，抢走桃花姑娘的是远方的一个恶霸。但是不管他

蚩尤 我国古代神话传说中的部落首领，以在涿鹿之战中与黄帝交战而闻名。他也是我国苗族相传的远祖之一。其活动年代大致与华夏族首领炎帝和黄帝同时。

■ 着盛装的苗族姑娘

怎样威逼，桃花就是不肯屈从。眼看一年一度的大年到来了，街上非常热闹。

■ 漂亮的苗族姑娘

忽然家人来告诉恶霸，街上来了一个身穿百鸟衣，会吹六管芦笙的人，他不仅衣着新奇，而且笙歌动人。恶霸听了连忙讨好地请桃花去听芦笙。

桃花听说百鸟衣，知道憨哥来了，顿时喜笑颜开，立即到大街上去看热闹。

憨哥边吹笙边跳舞，突然看到一伙人吆喝着闯了过来，偏头一看，又喜又气愤。喜的是终于看到了桃花，气的是在桃花身后竟站着一个恶霸。

憨哥从羽衣下取出弩弓，转身一箭朝恶霸射去，不偏不倚正中恶霸的右眼，恶霸一声惨叫，昏倒在地。憨哥很快又拿出弯刀，左砍右劈，打散了家奴，

盘缠 就是现在所说的路费。我国的古钱是中间有孔的金属硬币，常用绳索将钱币穿成串再吊起来。人们在出远门时，只能带上笨重的成串铜钱。把铜钱盘起来缠绕腰间，因此古人将这又"盘"又"缠"的旅费叫"盘缠"。

抱起桃花，飞身上马，像一阵风似的走了。憨哥和桃花回到桃花山，乡亲们一片欢腾，都来庆贺，直至傍晚，憨哥和桃花才告别乡亲，骑马奔向远方。

从此以后，桃花山的人再没见过他们。但每年正月初三，苗族人就不约而同地汇集到憨哥和桃花跳舞唱歌的地方，吹笙、唱歌、跳舞、饮酒、耍刀、赛马、射箭。天长日久，就形成了花山节。

苗族花山节前一天，先由德高望重的老人选择一个开阔地作为"跳场坪"，并竖起花杆，并整理好周围的环境，为青年男女踩花山做好准备。花山节当天，跳场坪上张灯结彩、红旗飘扬、鞭炮齐鸣、锣鼓喧天，青年们从四乡八寨向跳场坪拥来。

在歌舞中，小伙子发现意中人，就解下腰间横背的雨伞，向姑娘撑去。如果女方中意就半推半依，如果不中意就绕到姑娘圈子里躲避。同时，在这天，青壮年男子还要按苗族的传统习惯，举行爬杆比赛，谁爬得高，就把一个猪头和美酒奖给他。

此外，苗族有的地方还要举行赛马、射箭及续麻针比赛等活动。老年人则趁机拜访亲友，互相谈心，活动直至深夜才结束。

阅读链接

滇东北和滇南一带的苗族百姓，在每年农历六月初六都要过花山节。

传说，古时苗族人流落异乡，想起祖先东逃西散的苦，伤心落泪。一年，在六月初六这天，苗族祖先显灵，劝他们不要太难过，应该到高山顶上吹芦笙、唱歌跳舞给祖先听和看。

祖先的话刚说完，天上便落下一朵花，挂在一棵树上。大家围着这棵树歌舞，这年的庄稼长得特别好。

从此以后，滇东北和滇南一带的苗族人在每年六月初六，都要穿上节日盛装，到高山上栽一棵花树，举行对歌、跳芦笙舞、斗牛、跳狮子舞、爬花杆等活动。